O que as pessoas estão falando sobre
Nômade Digital

"Conheci Matheus de Souza em 2016, logo depois de sermos eleitos vozes relevantes pela maior plataforma social corporativa do mundo, o LinkedIn. Desde nossas primeiras conversas por e-mail, notei nele uma visão de mundo incomum, que agora se confirma em seu primeiro livro. Uma vontade de fazer diferente, de encarar a vida e tudo o que ela proporciona de peito aberto, esperando pelo melhor e, sobretudo, compartilhando esse melhor com aqueles de quem gosta e com aqueles a quem mal conhece. E isso se chama generosidade. Ao ler seu primeiro livro, não só me senti acolhido, mas, acima de tudo, fiquei impressionado com a riqueza de detalhes proporcionada ao leitor. Está absolutamente tudo ali: das dicas e curiosidades aos endereços de sites, de detalhes financeiros com os quais se preocupar a reflexões mais profundas, até o apoio emocional da família, dos amigos e das relações que movimentam o planeta. 'Estamos na melhor época da história da humanidade para se aprender algo', escreve Matheus. E eu aprendi muito ao ler *Nômade Digital*!"

Marc Tawil, *Head* da Tawil Comunicação,
Autor, Palestrante, Filantropo e LinkedIn Top Voices

"As profissões mudaram, as carreiras mudaram, os estilos de vida mudaram... E agora, o que fazer nessa nova era? Matheus é um dos escritores da nova geração que mais admiro. Com um estilo de escrita cativante, ele consegue nos passar toda a sua vivência, criando empatia com o leitor e ensinando. Super recomendo!"

João Paulo Pacífico, Fundador do Grupo Gaia e LinkedIn Top Voices

"O Matheus é um exímio escritor que teve a habilidade de colocar, com detalhes, a realidade do mundo do nomadismo em um livro muito importante para quem quer vivenciar esta experiência."

Murillo Leal, Jornalista, Escritor, Palestrante e LinkedIn Top Voices

"Conteúdo extraordinário para quem busca se tornar um nômade digital."

Tiago Magnus, CEO do TransformaçãoDigital.com

"A obra, baseada nas experiências reais do autor, trata o tema nomadismo digital de forma realista e responsável. Matheus tem propriedade para abordar o assunto pois vive o que fala, o que torna sua escrita – e, principalmente, as histórias retratadas – ainda mais fascinantes. Você sentirá sua mente aumentar de tamanho e se abrir para essa nova possibilidade, para uma nova forma de enxergar a vida e, consequentemente, a relação com o trabalho. Recheado de ações que podem ser colocadas em prática, a classificação "guia" é perfeita para quem busca a liberdade de viver e trabalhar como quiser. *Nômade Digital* apresenta uma investigação sobre o estilo de vida nômade e te ensina a criar suas próprias regras. Com uma escrita leve e direta, Matheus transfere sua linguagem – que já é nossa conhecida dos artigos do LinkedIn – para seu livro/guia completo, prático, autêntico e claro, inspirador."

Débora Alcantara, *Co-founder* do Grupo ORNA, CEO do Efeito Orna, TEDx speaker, autora do livro *Instagram Skills* e LinkedIn Top Voices

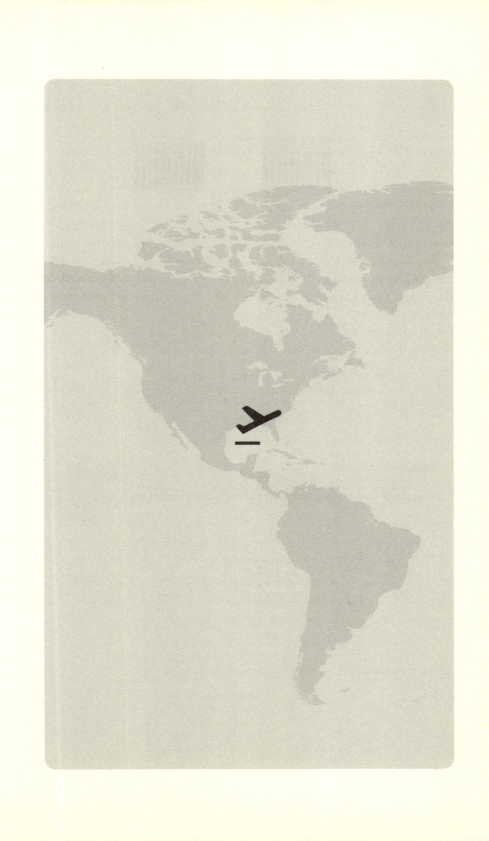

Copyright © 2019 Matheus de Souza
Copyright © 2019 Autêntica Business

Todos os direitos reservados pela Editora Autêntica Business. Nenhuma parte desta publicação poderá ser reproduzida, seja por meios mecânicos, eletrônicos, seja via cópia xerográfica, sem autorização prévia da Editora.

EDITOR
Marcelo Amaral de Moraes

ASSISTENTE EDITORIAL
Luanna Luchesi Pinheiro
Vanessa Cristina da Silva Sá

CAPA
Diogo Droschi

REVISÃO TÉCNICA
Marcelo Amaral de Moraes

PREPARAÇÃO DE TEXTO
Samira Vilela

REVISÃO
Luanna Luchesi Pinheiro

DIAGRAMAÇÃO
Guilherme Fagundes

Dados Internacionais de Catalogação na Publicação (CIP)
(Câmara Brasileira do Livro, SP, Brasil)

Souza, Matheus de

Nômade Digital : um guia para você viver e trabalhar como e onde quiser / Matheus de Souza. -- 1. ed. -- São Paulo : Autêntica Business, 2019.

ISBN 9788551306185

1. Autorrealização 2. Desenvolvimento pessoal 3. Carreira - Desenvolvimento 4. Nomadismo 5. Qualidade de vida no trabalho 6. Sucesso I. Título.

19-27503   CDD-650.1

Índices para catálogo sistemático:
1. Vida pessoal e trabalho :
Equilíbrio : Administração de empresas 650.1

Iolanda Rodrigues Biode - Bibliotecária - CRB-8/10014

A **AUTÊNTICA BUSINESS** É UMA EDITORA DO **GRUPO AUTÊNTICA**

São Paulo
Av. Paulista, 2.073 . Conjunto Nacional
Horsa I . 23º andar . Conj. 2310 - 2312
Cerqueira César . 01311-940 . São Paulo . SP
Tel.: (55 11) 3034 4468

Belo Horizonte
Rua Carlos Turner, 420
Silveira . 31140-520
Belo Horizonte . MG
Tel.: (55 31) 3465 4500

www.grupoautentica.com.br

Matheus de Souza

NÔMADE DIGITAL

UM GUIA PARA VOCÊ VIVER E TRABALHAR COMO E ONDE QUISER

autêntica
BUSINESS

À minha mãe, meu pai, Laís, família Schulz
e a todos aqueles que cruzaram meu caminho
na estrada e toparam participar deste livro.

SUMÁRIO
Portão *Gate* 1

		PÁGINA
Prefácio		011
Por um nômade, para os nômades		015
1 A contracultura do século XXI		017
2 "Não sei por onde começar"		029
3 Planejando sua nova vida: o momento certo de pedir as contas		057
4 Marca pessoal: invista tempo e dinheiro		075
5 Criando conexões de valor		087
6 O que você precisa saber sobre renda passiva na Internet		099
7 Contabilidade: fique ligado nos impostos		117
8 A parte mais esperada: as viagens!		129
9 Dos nômades solos aos casais – com ou sem filhos		165
10 Férias eternas – só que não		175
11 Meus principais aprendizados como nômade digital		183

PREFÁCIO
Portão *Gate* 2

SER NÔMADE DIGITAL se tornou meu sonho desde que ouvi falar do termo pela primeira vez, há alguns anos. Viajar enquanto trabalha, sem precisar esperar pelas férias ou pedir uma folga para o chefe? Conte comigo!

Desde então, eu e o Matheus começamos a sonhar esse sonho juntos. Mas, lá no início, tudo parecia tão impossível...

Lembro como se fosse ontem do dia em que nos sentamos em frente ao computador e criamos uma planilha no Excel. Lá, colocamos nossos objetivos profissionais, metas financeiras e um prazo para, finalmente, largarmos nossos empregos tradicionais e nos tornarmos nômades.

Éramos tão ingênuos... Preenchemos essa planilha com palavras aleatórias e ideias vagas nas quais não colocávamos muita fé. Não tínhamos a menor ideia de como poderíamos nos tornar nômades digitais. O sonho parecia tão distante que nós achávamos que seria algo, no mínimo, muito pouco provável.

Não preciso nem falar que quase nada saiu como planejávamos, não é? O Matheus sempre diz: "A vida não está nem aí para os seus planos". E é verdade.

A Laís e o Matheus de 2015 não faziam ideia de que aquelas promessas jogadas ao vento, em sua maioria, não seriam o caminho, mas elas nos levariam, sim, a definir o caminho para o nomadismo.

É claro que alguns dos objetivos e planos que traçamos se concretizaram e se transformaram em alicerces fundamentais na construção da vida que levamos hoje. Porém, muita coisa não aconteceu como idealizamos.

O processo também demorou mais do que imaginávamos, e houve diversos momentos em que nós dois não acreditávamos que iria funcionar. Houve momentos, inclusive, em que nós simplesmente não conseguíamos enxergar como chegaríamos lá.

Ao mesmo tempo, a ideia de permanecer em empregos que detestávamos, executando tarefas que nada nos traziam além de desgosto e vendo a vida passar através da janela do nosso cárcere remunerado nos pressionou.

No fim, a insatisfação e a frustração com os nossos empregos e com a situação que vivíamos serviram de combustível para essa transição. Foi isso que nos impulsionou a chegarmos onde estamos hoje.

Escrevo este prefácio no quarto de uma *guesthouse* nada luxuosa em Bali, na Indonésia. Enquanto isso, o Matheus está vivendo uma aventura de um mês em Belgrado, na Sérvia, mas escreveu o livro ao redor do mundo, enquanto trabalhávamos. No fim do expediente – às vezes no meio –, saíamos para uma caminhada pelas ruas de Roma ou para tomar uma cerveja com amigos no Bairro Alto, em Lisboa.

Foi a nossa curiosidade e avidez pelo novo que nos fizeram encontrar tantas pessoas incríveis ao longo do caminho, como os nômades entrevistados no decorrer deste livro e tantos outros com os quais cruzamos. Foi isso que nos ensinou e ainda nos ensina tanto.

Por fim, foi viajando como nômades digitais que aprendemos nossa principal lição sobre nomadismo. Algo que não compreendíamos quando estávamos vivendo nossa "vida normal" em Tubarão, Santa Catarina: viajar como nômade digital não é viajar como turista. Nós – surpresa! – usamos nosso próprio dinheiro para bancar nossas viagens e passamos por inúmeros perrengues e problemas burocráticos. Tudo isso com o agravante de precisarmos trabalhar – caso contrário, não tem dinheiro, meu bem!

E é por isso que este livro é tão importante: para você se lembrar de manter os pés no chão, de planejar suas metas, seu trabalho, suas finanças, sua vida pessoal e todo o resto. Porque ser nômade digital não é moleza.

É verdade que temos, sim, a liberdade de viajar e de não precisarmos nos fixar em lugar algum. Mas a maioria dos dias se resume a muito trabalho num quarto de hotel, do Airbnb, de um espaço de *coworking* ou de um café.

O Matheus vai te lembrar disso — e de tantos outros detalhes importantes — durante o livro, não se preocupe. De toda forma, achei que era meu dever, também, te contar essas coisas antes que você começasse a leitura.

Porém, independentemente de qualquer expectativa irreal de nossa parte, eu jamais trocaria este modelo de vida e trabalho por qualquer outra coisa — muito menos por um trabalho convencional dentro de um escritório.

Não ter um chefe chato me enchendo o saco, não precisar pedir folga para sair no meio do dia e curtir a praia, não precisar levantar da cama e sair de casa quando está chovendo ou quando estou doente... Isso não tem preço.

Então, tenho apenas um último conselho para você antes de começar a leitura: se você está pensando em ser um nômade digital... não seja. Você nunca mais vai querer trabalhar de outra forma.

Agora é por sua conta e risco. Não diga que eu não avisei...

Laís Schulz é nômade digital, produtora de conteúdo e fotógrafa.
Em 2018, foi considerada pelo LinkedIn uma das brasileiras
mais influentes da rede em sua lista de Top Voices.

POR UM NÔMADE, PARA OS NÔMADES 3

Portão *Gate*

O NÔMADE está sempre em movimento. Não tem uma casa fixa. Seja ele um beduíno no Omã, um berbere no deserto do Saara ou um digital em algum *coworking* climatizado na Tailândia.

O nômade, quando digital, é digital porque se apropria da Internet para executar seu trabalho de qualquer lugar do mundo, mantendo sua carreira ou criando uma nova.

E, quando digital, o nômade trabalha de forma remota, mas nem todo trabalho remoto é feito necessariamente por nômades digitais. No entanto, este livro, escrito por um nômade digital, serve para ambos os casos.

Então, mesmo que seu objetivo seja apenas trabalhar de forma remota na sua casa, para passar mais tempo com a sua família, por exemplo, você conseguirá extrair lições que o deixarão mais perto deste objetivo.

Boa leitura!

CAPÍTULO

01

A CONTRACULTURA DO SÉCULO XXI

Essa coisa de gastar a melhor parte da vida ganhando dinheiro para gozar uma duvidosa liberdade em sua parte menos valiosa me faz lembrar aquele inglês que primeiro foi à Índia fazer fortuna para poder depois voltar à Inglaterra e levar uma vida de poeta.

– Henry David Thoreau,
Walden, ou A vida nos bosques

DIGITE *#wanderlust* no menu de buscas do Instagram e você encontrará mais de 70 milhões de publicações.[1] A palavra, que virou febre nas redes sociais – e inspiração de tatuagem para muitos *Millennials* por aí –, tem origem na língua alemã: *wander* (caminhar/vagar) + *lust* (desejo).

Numa tradução quase literal para a língua portuguesa, podemos dizer que é o desejo de viajar. Numa tradução quase filosófica, podemos dizer que é o desejo incontrolável de explorar o mundo, de caminhar rumo ao desconhecido, uma espécie de saudosismo idílico por lugares nunca antes visitados e que, de algum modo, fazem parte de uma busca por si mesmo.

Todo esse *hype* em torno do termo *wanderlust* expõe, ainda que de forma figurativa, uma certa insatisfação mundial dos mais jovens com a relação que a sociedade tem com o trabalho. Aquele negócio de bater ponto às 9h e depois novamente às 18h, semana após semana. Viver a mesma rotina de segunda a sexta-feira, durante anos, enquanto vê sua vida passar pela janela de um escritório – ou de um automóvel, enquanto está preso num engarrafamento no caminho para a labuta. Você envelhece e acumula coisas que não

---

[1] Dado de julho de 2018. Disponível em: <https://www.instagram.com/explore/tags/wanderlust/>.

consegue usufruir por falta de tempo. Se apega, então, ao que lhe resta: uma promessa distante e vazia de uma aposentadoria que, magicamente, resolverá todos os seus problemas. Isso, é claro, se você não morrer de infarto aos 40 anos por problemas no miocárdio relacionados ao estresse no trabalho.

Os mais velhos, muitos dos que conheço, pelo menos, costumam chamar os *Millennials* de mimados por buscarem essa liberdade na equação vida pessoal x vida profissional. Repetem frases de efeito sobre trabalho duro, bradam sobre como eram as coisas no tempo em que eram jovens, mas a verdade é que não há mérito algum em ser um *workaholic*. Pelo contrário. Pergunte sobre isso para o filho que teve uma mãe ausente por causa do excesso de trabalho, ou para a viúva do executivo que infartou depois de passar anos trabalhando doze ou mais horas por dia.

Na verdade, ao apontar o dedo para quem tenta viver uma vida diferente daquela imposta pela sociedade – ou melhor, para quem tenta, de fato, viver –, essas pessoas apenas despejam nos outros as suas frustrações, suas horas desperdiçadas em cubículos, suas reuniões familiares que foram trocadas por reuniões com aquele chefe sem noção, seus relacionamentos que deixaram de existir por conta das horas extras no escritório.

Julgar o outro e colocar toda uma geração dentro do mesmo saco é mais fácil do que aceitar que, sim, graças ao trabalho remoto, hoje é possível trabalhar menos e com mais qualidade. É possível viver e explorar o mundo, caminhar rumo ao desconhecido. É possível carregar o trabalho na mochila enquanto passeia por uma praia paradisíaca no México ou alimenta elefantes na Tailândia. E o melhor: como você verá ao longo deste livro, é possível fazer tudo isso sem precisar nascer rico ou juntar uma fortuna.

O nomadismo digital surge como a peça que encaixa perfeitamente no vazio existencial daqueles que utilizam a hashtag *#wanderlust* no Instagram, que tatuam a palavra alemã em seus corpos ou, metaforicamente falando, é claro, em seus corações. É o estilo de vida e trabalho perfeito para aqueles que sentem o tal desejo incontrolável de explorar o mundo. Hoje, com apenas um notebook, uma boa conexão com a Internet e uma fonte decente de renda, é possível viver como nômade. Não aqueles que ainda vivem no calor escaldante do deserto do Omã, os beduínos, mas como nômades digitais no conforto de espaços de *coworking* climatizados ao redor do globo.

E não pense que essa história de *wanderlust* e nomadismo digital é coisa da nova geração. Embora ambos, a palavra e o estilo de vida e trabalho, tenham se popularizado há poucos anos, historicamente temos vários exemplos de pessoas, famosas ou não, reais ou fictícias, que se guiaram por esse desejo incontrolável de buscar a liberdade que apenas os viajantes conhecem. Liberdade aquela que você não encontra dentro de um escritório, por mais *cool* que seja sua start-up, ou independentemente do número de pufes coloridos na sala de convivência da firma. Mudam os termos, mudam os nomes, mas a psicologia humana segue com os mesmos desejos e anseios.

Henry David Thoreau, famoso escritor americano, foi um desses caras que, embora nunca tenha usado #*wanderlust* no Instagram, nem tivesse um notebook para trabalhar, compartilhava do desejo dos *Millennials* de caminhar rumo ao desconhecido. Thoreau pode ser considerado um pensador à frente do seu tempo.

O escritor, aliás, praticava o *wanderlust* da forma mais literal possível. Ele era um grande adepto de longas caminhadas rumo ao desconhecido, e suas andanças por vilarejos vizinhos nunca duravam menos de três horas. Thoreau chegava a andar 42 quilômetros por dia sem destino. Deixava o corpo seguir por estradas de chão batido enquanto sua mente vagueava por lugares inexplorados. Era assim que encontrava inspiração para escrever. Quando chegava em casa após suas longas caminhadas, escrevia, escrevia e escrevia. Trabalhava pelo mesmo tempo que andara. Uma maneira, segundo ele, de "evitar as armadilhas da cultura", o que, nos tempos atuais, pode ser interpretado de várias maneiras.

Em 1845, aos 27 anos, Thoreau mudou-se para uma floresta às margens do lago Walden, nas proximidades de Concord, em Massachusetts. Durante dois anos, dois meses e dois dias, viveu isolado numa casinha de madeira que construiu com as próprias mãos. A ideia era, em suas palavras, "viver deliberadamente".

Mesmo não sendo agricultor, tornou-se autossuficiente, plantando batatas e produzindo o próprio pão. Em virtude disso, Thoreau até hoje é considerado referência para ecologistas e vegetarianos. Toda essa experiência de autoconhecimento está relatada em *Walden, ou A vida nos bosques*, sua obra mais famosa, de onde tirei a citação que abre este capítulo e que serviu de inspiração para nomes como Mahatma Gandhi e Martin Luther King.

Numa de suas frases mais célebres, Thoreau diz que gostaria de "defrontar apenas com os fatos essenciais da existência, em vez de descobrir, à hora da morte, que não tinha vivido". Foi esse mesmo sentimento que me motivou, também aos 27 anos, a me demitir do meu último emprego de carteira assinada e me tornar um nômade digital.

Assim como Thoreau, declarei minha independência pessoal. O escritor nunca foi nômade, nunca saiu do seu estado, mas, indiretamente, foi um dos grandes responsáveis por me livrar das amarras conhecidas no Brasil como Consolidação das Leis do Trabalho (CLT). Digo indiretamente porque na época eu nunca havia lido uma linha sequer de seus livros. Mas, como apaixonado por tudo que envolve a contracultura, fui influenciado desde a adolescência por autores e músicos que, por sua vez, foram influenciados por Thoreau em seus trabalhos.

De Jack Kerouac à geração beat, passando pelo movimento hippie, pela Tropicália e pelo Festival de Woodstock até chegar no maior expoente da contracultura na minha geração: o filme *Na natureza selvagem*, baseado no livro de mesmo nome, que conta a história real de Christopher McCandless. Inspirado pelas ideias de Thoreau, esse jovem viajante americano resolveu "viver deliberadamente". McCandless, no entanto, não teve o mesmo sucesso do escritor, mas não darei *spoilers* para quem ainda não assistiu ao filme ou não leu o livro.

Os ideais de Thoreau são compartilhados por beats, hippies, nômades digitais e outros tipos que buscaram ou buscam viver deliberadamente. Os beats, inspirados também por Jack London, cruzavam os Estados Unidos escondidos em vagões de trens de carga e trabalhavam aqui ou ali apenas para ter o que comer – e beber, já que levavam um estilo de vida boêmio. Os hippies, por outro lado, se apegaram aos elementos espirituais e místicos dos discursos de Thoreau, principalmente aqueles ligados à natureza. Já os nômades digitais, ainda que inconscientemente, compartilham das inquietações do autor com modelos pré-estabelecidos, sejam eles de trabalho ou sociais, presentes tanto em sua obra clássica *Walden* como no manifesto *Desobediência civil*.

Me dei conta de tudo isso durante uma epifania num café em Nimman, famoso bairro de Chiang Mai, segunda maior cidade da Tailândia e considerada a meca dos nômades digitais por seu baixo custo de vida e ótima infraestrutura. Quando um sujeito magro feito palito, que aparentava estar na casa dos 60, com uma fisionomia parecida com a do meu pai (que por sua vez lembra o Drauzio Varella), me pediu um T – conhecido em algumas regiões do Brasil como benjamim –, eu não imaginava que aquele evento corriqueiro culminaria numa das minhas melhores histórias de viagem.

Eric, o sujeito magro que aparentava estar na casa dos 60, precisava de um T, ou benjamim, porque dentro de meia hora teria uma reunião com um programador freelancer natural de Myanmar, pequeno país no sul da Ásia. Eric, assim como eu e minha esposa, é um nômade digital. Isto é, ele tem liberdade geográfica para trabalhar de forma remota de onde bem entender. O mais curioso é que, aos 69 anos, Eric ganha a vida fazendo o mesmo que eu: produzindo conteúdo. Depois de sofrer com graves problemas no joelho (sua primeira cirurgia foi em 1984), ele descobriu, durante uma viagem para a China em 2014, uma joelheira tecnológica que minimiza suas dores, garantindo mais qualidade de vida – desde então, ele já fez *trekking* em montanhas com mais de 2 mil metros de altura. Começou a escrever sobre isso num blog, o *for-knees.com,* e hoje paga suas contas – repito, aos 69 anos – através de infoprodutos comercializados por meio de uma estratégia de marketing de conteúdo.

Antes de falarmos sobre negócios e sobre os joelhos de Eric, ele me contou um pouco da sua vida e de como, em 2004, muito antes de se falar em nomadismo digital, foi parar em Chiang Mai. Americano natural de Boston, capital de Massachusetts, estado onde nasceu e viveu Thoreau, Eric se mudou ainda na adolescência para San Francisco, na Califórnia, durante o auge da cena hippie no final da década de 1960. Entusiasta do zen budismo desde os 14 anos de idade, quando leu *Zen Flesh, Zen Bones*, livro publicado em 1957 por Paul Reps e Nyogen Senzaki e relevante até hoje, Eric encontrou nos hippies a sua tribo.

Assim como Thoreau às margens do lago Walden, os hippies praticavam a agricultura de subsistência, ainda que em comunidade. Essa autossuficiência, juntamente com seu lado espiritual e pró-ambiental, foi determinante para que Eric se engajasse em sua primeira tentativa de viver deliberadamente. No entanto, o uso abusivo de drogas como LSD e maconha na comunidade hippie trouxe graves problemas para a sociedade da época. A dependência química se tornou uma realidade e o aumento da criminalidade disparou. Isso foi o estopim para que muitos jovens, como Eric, retornassem para o sistema capitalista. O Festival de Woodstock, em 1969, seria o final agridoce para um movimento que buscava apenas paz e amor.

Nos anos 1970, Eric se formou na faculdade e conseguiu um emprego na indústria farmacêutica. Nas três décadas seguintes, viveu no automático, segundo ele, batendo ponto todos os dias em um trabalho que desprezava.

Os Estados Unidos estavam um caos na primeira década dos anos 2000, com o atentado terrorista às Torres Gêmeas em 2001 e com a reeleição de George W. Bush em 2004. Logo após as eleições presidenciais daquele ano, Eric decidiu tirar um período sabático na Tailândia para estudar o zen budismo pelo qual havia se apaixonado na adolescência. Entre períodos em monastérios e retiros em montanhas sagradas, descobre o marketing de conteúdo e o nomadismo digital conversando com um compatriota, na faixa dos 20 anos, que encontrou por acaso em Chiang

Mai, da mesma maneira como o acaso nos aproximou naquele café em novembro de 2017. Já sexagenário, Eric deixa de ser um passageiro para se tornar o condutor de sua própria vida, parando de apontar culpados para seus problemas e declarando sua independência pessoal.

Após ouvir sua história atentamente, percebo que aquele senhor, que um dia já foi hippie e que hoje é um nômade digital, partilha dos mesmos valores que eu, Thoreau e tantos *Millennials*. Quando resolveu viver com os hippies em San Francisco, não o fez por vagabundagem ou para usar drogas psicodélicas. O que motivou Eric foi uma insatisfação com o sistema de trabalho da época. A mesma insatisfação que ficou adormecida por três décadas enquanto viveu no automático. A mesma insatisfação que eu, pouco mais de uma década depois da demissão de Eric – e sendo de uma geração completamente diferente da sua –, senti enquanto assistia minha vida passar pela janela de um cubículo onde eu não queria estar, mas precisava para pagar meus boletos. A mesma insatisfação que fez Thoreau se isolar às margens do lago Walden, em 1845, para viver de forma deliberada e autossuficiente. A mesma insatisfação que você que me lê talvez sinta ou já tenha sentido.

Naquele dia no café em Chiang Mai, também trocamos figurinhas sobre SEO, WordPress, LinkedIn, infoprodutos, mercado digital, meditação e política externa. Fiquei maravilhado ao perceber o brilho nos olhos de Eric enquanto me contava sobre seus projetos. Ele faz o que ama, aos 69 anos, e não tem planos de parar. Pelo contrário, tem novos projetos em seu horizonte, frutos do seu desejo incontrolável de explorar o mundo.

Esse brilho nos olhos, aliás, é comum em todos os nômades digitais que encontrei pela estrada ou que entrevistei para esse livro. Todos nós, cujos valores nos tornam símbolos da contracultura do século XXI, decidimos não esperar mais pelos finais de semana ou por um período de férias para aproveitarmos nossas vidas. Ao trocarmos o mercado de trabalho tradicional por um estilo de vida que nos permite trabalhar e viajar pelo mundo ao mesmo tempo, aproveitamos a tecnologia para atuar de acordo com nossos próprios termos e condições. Algo que soaria utópico décadas atrás, hoje é totalmente possível para profissionais das mais diversas áreas graças à transformação digital. Por isso nossos olhos brilham.

A transformação digital que rompeu fronteiras geográficas

Há vinte anos, um executivo japonês chamado Tsugio Makimoto previu uma revolução. Em seu livro *Digital Nomad*, lançado em 1997 em parceria com David Manners e praticamente ignorado pelo público e pela crítica, Makimoto escreveu, num trecho quase premonitório, que "redes sem fio de alta velocidade e dispositivos móveis de baixo custo quebrarão o vínculo entre ocupação e localização".

Dez anos depois, em 2007, a ideia de nomadismo digital ressurge no best-seller mundial *Trabalhe 4 horas por semana*, do autor Timothy Ferriss. Apresentando o conceito de que nossos ativos mais importantes são tempo e mobilidade, Ferriss pintou uma imagem glamorosa – a começar pelo título – de como automatizar a renda e viajar o mundo enquanto se ganha dinheiro.

Nem Makimoto nem Ferriss, contudo, previram que o impacto da transformação digital em nossas vidas pessoal e profissional seria tão grande e evoluiria tão rapidamente. Smartphones, aplicativos, redes sociais, economia compartilhada e serviços sob demanda simplificaram de tal maneira o modo como vivemos e trabalhamos que, hoje, as fronteiras geográficas já não são mais um problema, e o nomadismo digital é uma realidade para milhares de profissionais ao redor do mundo – e o sonho de consumo de outros tantos milhões.

Os autores também não poderiam prever que todo um ecossistema seria criado por e para nômades digitais. Espaços de *coworking* e cafés voltados para profissionais que trabalham de forma remota estão cada vez mais em alta ao redor do mundo. O sudeste asiático, por exemplo, impulsionado pela bela e exótica Tailândia, tornou-se um centro mundial de nômades digitais. Basicamente, jovens adultos (e outros nem tanto, como o Eric) de todo o mundo transformaram cidades paradisíacas, e até então desconhecidas, em suas estações de trabalho.

A boa notícia é que esse não é um estilo de vida limitado para poucos sortudos. Essa transformação digital, que rompeu totalmente as fronteiras geográficas e ofereceu a possibilidade de executar determinadas funções de forma remota, também criou empregos que não existiam há dez anos, e deve criar muitos outros nos próximos anos. Um estudo da Dell[2] projetou que, até 2030, aproximadamente 85% das profissões serão novas, ou seja, ainda nem foram inventadas.

---

[2] Dado de julho de 2017. Disponível em: <https://www.dell.com/learn/br/pt/brcorp1/press-releases/2017-07-24-dell-technologies-impact-of-new-technologies-on-society>.

CAPÍTULO
02

"NÃO SEI POR ONDE COMEÇAR"

Se tivesse esperado para saber quem eu era ou o que eu queria fazer antes de começar a "ser criativo", bem, eu ainda estaria sentado tentando me entender ao invés de estar fazendo o que quer que seja. Pela minha experiência, é no ato de criar e de fazer nosso trabalho que descobrimos quem somos.

– Austin Kleon,
Roube como um artista

ESSA INQUIETAÇÃO sobre viver deliberadamente me acompanha desde que entrei no mercado de trabalho. Nunca achei justo, para não dizer inteligente, ficar por 8 horas (às vezes mais) num escritório para fazer um trabalho que muitas vezes pode ser feito na metade do tempo. Hoje, trabalho por projetos, não mais por horas. Estipulo meus prazos e, para o cliente, tanto faz se eu tirar uma folga na segunda-feira e trabalhar 10 horas no dia seguinte, desde que a demanda seja entregue na data combinada. O que importa é o resultado, não o número de horas trabalhadas.

Mas infelizmente tenho ciência de que a minha realidade ainda é a de poucos. Embora essa mentalidade esteja mudando, principalmente quando pensamos em start-ups, o Brasil ainda é bastante conservador com a equação horas de trabalho x remuneração. Seguimos o arcaico modelo de jornada de trabalho que surgiu com a Revolução Industrial. Na época, essas 8 horas de trabalho eram uma vitória — os operários chegavam a trabalhar 16 horas diárias antes disso. Hoje, no entanto, esse modelo não faz mais sentido, principalmente em funções que podem ser desempenhadas de forma remota. Dividir a jornada em ciclos menores e trabalhar menos horas pode, inclusive, ser mais produtivo.

Para as empresas, reduzir a carga de trabalho e/ou oferecer posições que possam ser exercidas remotamente ajuda a reduzir custos operacionais no escritório. Nos Estados Unidos, gigantes como Adobe, Dell, Salesforce, SAP e Xerox estão entre as empresas que mais contratam funcionários para vagas remotas. Os cargos variam dos mais comuns realizados remotamente, como designers, programadores e profissionais de marketing, até gerentes de projetos e posições de alta gerência, como vice-presidentes regionais. Essas vagas de trabalho, no entanto, como você deve imaginar, são concorridíssimas. Quando falamos em trabalho remoto, eliminamos as fronteiras físicas – e isso quer dizer que você concorrerá com profissionais de qualquer lugar do mundo.

A solução mais simples para trabalhar menos, ganhar mais (sim!), viver deliberadamente e ainda ter tempo para viajar o mundo é criar o seu próprio trabalho. Dos nômades digitais que conheço, seja pessoalmente ou da Internet, poucos são empregados; a maioria é freelancer ou empreendedor digital, ou as duas coisas. E talvez agora o leitor esteja me respondendo inconscientemente com a frase que intitula ao capítulo: "Não sei por onde começar" é o que mais escuto quando alguém me diz que quer ser um nômade digital.

Começando mesmo sem saber por onde começar

A citação que abre este capítulo não está ali por acaso. Você deveria, inclusive, imprimir esse trecho e fixar num lugar visível no seu ambiente de trabalho. Não saber por onde começar é a principal trava para quem quer mudar de vida. E, acredite, isso é totalmente normal. Eu mesmo não sabia por onde começar quando ouvi falar pela primeira vez desse tal nomadismo digital. Mas eu sabia o que não queria para a minha vida – e esse é o começo.

Os coaches dizem que todos precisamos descobrir nosso propósito de vida, mas a verdade é que muitos de nós não têm um – ou demoram toda uma vida para encontrá-lo. E está tudo bem. No entanto, saber o que você não quer para a sua vida pode tornar seus dias melhores e ajudar seu projeto de ser um nômade digital a sair do papel.

Eu, por exemplo, sabia que não queria mais ver minha vida passar pela janela de um escritório. Sabia que não queria mais ter um chefe me dando ordens. Sabia que não queria perder tempo me deslocando até o trabalho. Sabia que não queria ter que esperar até as férias para conhecer novas culturas e sabores. Esses "nãos", de certa forma, foram o norte para que eu começasse a entender o que realmente buscava – o tal propósito de vida.

Desde o início de 2017 eu escrevo profissionalmente em tempo integral. Para chegar na minha situação atual, é claro, houve um começo. Quatro anos antes de me estabilizar como produtor de conteúdo, eu comecei sem saber por onde começar. Ou seja, tomei uma atitude mesmo estando repleto de dúvidas. Num daqueles devaneios sobre "no que sou bom" e "como ganhar dinheiro com isso", lembrei que sempre gostei de escrever e que ia bem nas aulas de redação da escola. Escrever poderia ser o meu "no que sou bom", mas "como ganhar dinheiro com isso"? Eu não sabia. Então, em 2013, criei um blog com meu nome, o *matheusdesouza. com*, e em 2015 comecei a publicar artigos no LinkedIn, a maior rede profissional do mundo.

Após dois anos escrevendo por escrever, sem saber exatamente onde a escrita poderia me levar, percebi que oportunidades foram se abrindo. Contatos, demandas, novas ideias. Eu não oferecia nenhum serviço nessa época, mas identifiquei alguns movimentos na área de marketing de conteúdo que poderiam ser explorados. Foi aí que cheguei a outra pergunta que sempre recebo dos leitores.

"Que tipo de trabalho eu posso fazer?"

Eu tinha uma habilidade, mas ainda não sabia como monetizá-la. Ao mostrar essa habilidade para o mundo no meu blog e, posteriormente, no LinkedIn, fiz um exercício prático de autoconhecimento e cheguei mais perto de encontrar algum propósito no meu trabalho. Parafraseando Austin Kleon, "é no ato de criar e de fazer nosso trabalho que descobrimos quem somos".

O ato de começar algo, independentemente de saber onde aquilo poderia me levar, me trouxe onde estou hoje. Alguns podem chamar de sorte, mas a sorte só sorriu para mim porque eu me mexi. Enquanto você passar seu tempo reclamando e dizendo que "não sabe por onde começar", as coisas não acontecerão. É simples assim.

Estamos na melhor época da história da humanidade para se aprender algo. Temos o Google, o YouTube, cursos online e leitores digitais que nos permitem carregar uma biblioteca inteira na mochila. Não importa qual seja o seu sonho, não deixe que o "por onde começar?" seja uma muleta. Apenas comece. Comece estudando. Vá atrás das coisas, e, principalmente, não transfira responsabilidades.

Tem uma frase que gosto muito, atribuída a Karen Lumb, que diz: "Daqui a um ano você vai desejar ter começado hoje". Eu sempre lembro dela quando arrumo uma desculpa qualquer para adiar o início de algo.

Se você tem uma ideia de projeto, por mais boba que pareça, invista seu tempo nisso, mesmo que você ainda não saiba como ganhar dinheiro com ela. Blogueiros, YouTubers e Instagrammers, profissões que nasceram nessa década, existem porque alguém lá atrás começou sem saber por onde começar. O grande ponto é que você terá que ser paciente. As coisas não acontecem de uma hora para a outra, você não começará a ganhar dinheiro no mês seguinte e muito menos poderá se demitir precipitadamente do emprego que odeia. Não seja imediatista, ou você vai se frustrar, desistir e ter que começar de novo no futuro.

Talvez agora você esteja pensando que tudo isso é muito lindo na teoria, ou esteja me odiando por jogar algumas verdades ingratas na sua cara, mas vamos lá. Antes de voltarmos nesse assunto que vai te fazer literalmente tirar a bunda da cadeira, responda essas duas perguntas:

1. Que tipo de conhecimento você tem que pode ser útil para as pessoas?
2. Esse conhecimento pode ser transformado em produto, serviço ou curso?

Vale deixar claro que, quando falo em conhecimento, não estou me referindo à sua formação acadêmica. Eu, por exemplo, trabalho na área de marketing e sou graduado em Relações Internacionais. Vamos pensar aqui nas suas habilidades, nos seus hobbies, nas coisas que você sabe fazer e que podem ser úteis para as pessoas.

Mesmo em profissões mais tradicionais, é possível encontrar habilidades específicas que podem ser transformadas em produtos, serviços ou cursos do interesse de determinado público-alvo. Veja o exemplo do contador. Esse profissional é responsável por gerenciar as finanças de pessoas jurídicas ou físicas. Os brasileiros têm uma dificuldade tremenda de planejar suas finanças pessoais. Que tal o contador transformar seu conhecimento no assunto em um produto, serviço ou curso? Pode ser um livro, um canal no YouTube, um blog, um serviço de consultoria ou mesmo um curso online. Ou tudo junto. As opções são variadas, e o melhor: podem ser realizadas de forma remota. Você pode, inclusive, transformar esse conhecimento em algo superespecífico e escolher um nicho: consultoria contábil focada em nômades digitais. Neste caso, eu seria seu cliente.

Dou o exemplo do contador porque em algumas áreas, como marketing, design e tecnologia da informação, é mais fácil visualizarmos uma atividade que possa ser realizada de forma remota enquanto se viaja pelo mundo. Porém, quando falamos em profissões mais tradicionais, há um certo conservadorismo no *modus operandi* de suas funções.

Esse conservadorismo, no entanto, não foi barreira para o advogado mineiro Pedro Custódio. Criado numa fazenda nas proximidades de Frutal, cidade com pouco mais de 50 mil habitantes em Minas Gerais, Pedro se viu num impasse ao ser aprovado no Exame da Ordem dos Advogados do Brasil (OAB): onde exercer a profissão?

O mineiro queria viver deliberadamente, mas cresceu num ambiente onde os advogados devem fincar raízes. Novos ares, novas visões e novas experiências não estavam dentro do escopo da profissão. Com o incentivo e apoio da esposa, à época namorada, Pedro decidiu ir para São José do Rio Preto, no interior do estado de São Paulo. Conseguiu emprego no escritório do amigo de um primo, num distrito próximo à cidade, em troca apenas de transporte e alimentação.

Insatisfeito com a situação, logo conseguiu um novo trabalho na área, dessa vez na própria cidade de São José do Rio Preto. O salário era baixo, mil reais por mês, mas o tempo de deslocamento era bem menor. Todos os dias, Pedro caminhava 2,5 quilômetros até o escritório e, assim como Thoreau, aproveitava o ócio criativo para pensar e aprender com tudo aquilo.

Sua rotina era como a da maioria dos trabalhadores brasileiros: Pedro trabalhava duro no escritório de 8h às 18h e tinha uma hora livre para o almoço. No ano seguinte, já casado e engolido por uma rotina que o impedia de viver deliberadamente, o advogado mineiro propôs ao seu chefe prestar seus serviços de casa. Segundo ele, todos os processos jurídicos são eletrônicos, ou seja, podem ser acessados de qualquer lugar que tenha conexão com a Internet. Para sua surpresa, a proposta foi aceita.

Dois anos depois, Pedro continuava prestando serviços para esse escritório de advocacia, além de ter conseguido novos clientes — todos atendidos de forma remota. Sua produtividade havia aumentado, sendo que agora ele conseguia fazer, em meio período, tudo (ou até mais) do que fazia quando trabalhava presencialmente, trancado na sala solitária do escritório.

Mais do que isso, ele e sua esposa — que também passou a trabalhar em home office — se mudaram para um sítio em Frutal, cidade natal dos dois. Nada muito glamoroso, segundo Pedro. Uma casa, um gramado verde em volta, algumas árvores grandes, ar fresco, muitos pássaros e espaço — qualquer semelhança com Thoreau vivendo à beira do lago Walden não é mera coincidência, me garante o advogado. O tipo de lugar que ansiavam por morar, mas que, devido aos trabalhos anteriores, que os prendiam geograficamente, não passava de um sonho distante.

Criando seu próprio trabalho

 Trabalhando remotamente em um apartamento alugado através do Airbnb em Lisboa, Portugal. Novembro de 2018.
FOTO: LAÍS SCHULZ.

bit.ly/nd_lisboa

Você não precisa – e nem deve – se demitir para criar seu próprio trabalho. Não foi o que eu fiz, não foi o que o advogado Pedro Custódio fez, nem o que outros nômades digitais de sucesso que conheço fizeram. Aliás, você sequer precisa sair da sua área de atuação. Pelo contrário: seu emprego atual (ou o anterior, caso esteja desempregado) pode ser um grande aliado no seu projeto de nomadismo digital.

Consultores, freelancers e empreendedores digitais, de modo geral, costumam utilizar suas próprias redes de contatos ao lançarem seus serviços e/ou produtos. Isso significa que, para começar a atuar de forma autônoma, você pode – e deve – pedir indicações de potenciais clientes para profissionais que trabalham ou que trabalharam com você.

Manter um perfil ativo no LinkedIn é outra dica fundamental nessa transição. Ainda há uma percepção equivocada de que a maior rede profissional do mundo se trata apenas de um banco de currículos. Com 575 milhões de usuários em todo o mundo, sendo 34 milhões deles brasileiros,[1] o LinkedIn tornou-se uma das maiores plataformas de conteúdo do mundo, sendo fundamental para quem quer ser visto como autoridade em sua área de atuação.

Lembre-se que, quanto maior for o seu portfólio, maiores são as chances de você conseguir clientes. Se você está empregado no momento, coloque como meta preencher pelo menos duas horas do seu dia com freelas. Por mais que seja cansativo conciliar seu trabalho atual com trabalhos extras, isso será necessário no começo por três motivos: 1) para descobrir na prática se esse modelo de trabalho funciona para você; 2) para testar a aceitação do seu serviço ou produto no mercado; 3) para iniciar uma reserva financeira que o deixe tranquilo, no médio prazo, para finalmente pedir as contas.

Caso esteja desempregado, sua meta como prestador de serviços deve ser conseguir preencher suas oito horas de trabalho diárias com clientes fixos e com uma boa remuneração. Uma meta bastante otimista, eu sei, mas está longe de ser inalcançável se você conseguir um meio de gerar valor ao invés de simplesmente investir em propaganda e enfiar anúncios goela abaixo do seu público-alvo.

Quem não é visto, não é lembrado

Você já deve ter ouvido a frase "o conteúdo é rei". Pois bem, para quem aspira viver como nômade digital, saiba que essa é

---

[1] Dados de 2018. Disponível em: <https://www.valor.com.br/carreira/5882695/linkedin-lanca-ferramenta-de-dados-em-tempo-real-para-recrutadores>.

uma afirmação verdadeira. Desde que comecei a viajar ao redor do mundo enquanto trabalho, a procura pelos meus serviços aumentou a ponto de eu ficar sem agenda para atender novas demandas. E não pense que fico o tempo inteiro divulgando meu trabalho. Pelo contrário: o que garante meus contratos fechados hoje são, na maioria das vezes, minhas fotos em praias da Tailândia ou em cafés da Itália publicadas em minhas redes sociais. Uma espécie de prova social do meu estilo de vida como nômade digital – inclusive, é possível que você tenha comprado este livro por causa dessas publicações.

Mas, e quando eu não era um nômade digital? Bom, desde antes de eu lançar meus serviços como freelancer, tenho gerado conteúdos relevantes no meu blog e no LinkedIn sem cobrar nada por isso. Ainda hoje, 98% do conteúdo que crio é gratuito. O objetivo dessa produção é educar as pessoas sobre a área em que atuo.

Por que eu faço isso? A resposta é bem simples. Quem produz conteúdo relevante sobre determinado assunto tem muito mais chances de ser encontrado pelo seu público-alvo. Pense no seguinte: se você foi capaz de ajudar uma pessoa com uma dica gratuita sobre algo relacionado à sua área, a chance de ela querer te contratar caso precise de um serviço relacionado ao seu segmento é gigantesca. Você será visto como uma autoridade naquele assunto. Essa estratégia é conhecida como marketing de conteúdo, uma maneira de engajar seu público-alvo através da geração de valor e não precisar ficar o tempo todo correndo atrás de clientes – eles é que virão até você.

Quer um exemplo prático? Voltemos ao contador fictício. Digamos que ele preste atendimentos via Skype. Eu brinquei que o contrataria caso ele oferecesse um serviço de consultoria contábil focada em nômades digitais, lembra? Pois então, agora visualize este cenário: eu, Matheus de Souza, tenho dúvidas contábeis em relação ao meu negócio. Faço uma rápida pesquisa no Google e encontro o artigo de um blog que parece resolver meu problema. Ao final do texto, descubro que o tal blog pertence a um contador que oferece consultoria contábil focada justamente em nômades digitais. Exatamente o que eu preciso. No artigo também há uma *call to action* (CTA) para o canal no YouTube desse contador. Assisto a alguns vídeos e percebo que o sujeito realmente entende do assunto. Pesquiso mais um pouco e percebo que ele é bastante ativo no LinkedIn, compartilhando dicas diárias sobre finanças pessoais. Então, envio um e-mail a ele contando minha necessidade. Ele responde e marcamos uma reunião pelo Skype, já que um está na Sérvia e o outro em Portugal. Em quinze minutos de conversa, fechamos negócio – tudo isso porque, anteriormente, ele gerou valor para mim por meio dos seus conteúdos gratuitos.

Veja que essa é exatamente a mesma estratégia utilizada por Eric, o nômade digital de 69 anos de idade que conheci em Chiang Mai. Ao criar, em seu blog, conteúdos sobre como melhorar a qualidade de vida de quem sofre com problemas nos joelhos, ele aproveita para vender suas joelheiras tecnológicas. Seu próximo passo nesse sentido, conforme me contou, é escrever um e-book sobre o tema. Também é assim que Pedro, o advogado que vive com a esposa num sítio, consegue seus clientes. Ao criar conteúdos gratuitos sobre sua área de atuação dentro da esfera jurídica, Pedro reforça sua autoridade e transforma leitores em clientes.

Mas não pense que criar dois artigos num blog ou três vídeos no YouTube é o suficiente para te trazer clientes de imediato. Consistência é a chave dentro do marketing de conteúdo, então tenha uma rotina editorial, defina dias da semana para criar seus conteúdos e esteja sempre presente nas redes sociais. Torne isso um compromisso público. Minha avó já dizia: "quem não é visto, não é lembrado".

Calculando o valor da sua hora de trabalho

Uma dúvida que aflige qualquer profissional autônomo é a precificação do seu serviço. Para determinar isso, você deverá analisar uma série de fatores, começando pelos seus concorrentes. A tática mais comum para descobrir o preço dos seus rivais é pedir para algum conhecido solicitar um orçamento. Saber os preços praticados no seu mercado é o ponto de partida para calcular o valor da sua hora de trabalho, mas isso não deve ser a regra.

Como prestador de serviços, você deve ser capaz de responder facilmente quanto vale uma hora do seu tempo. Para isso, vamos recorrer à matemática simples. Se você trabalha 8 horas por dia, 40 horas semanais, trabalhará cerca de 2 mil horas em um ano.

Para calcular o valor da sua hora você precisará, antes de mais nada, definir o salário anual ideal para o seu estilo de vida. Decidido esse número, divida-o por 2 mil (seu número de horas trabalhadas por ano).

Exemplo:

Digamos que você precise de R$ 80.000 anuais para viver como nômade digital. Isso significa que o valor da sua hora de trabalho é de R$ 40 (80.000 / 2.000 = 40).

O próximo passo é calcular seus custos e despesas operacionais – Internet, telefonia, abertura de empresa, contador, etc. Depois de listar todos os seus gastos, você terá que adicionar esse custo anual ao valor do seu salário anual ideal.

Continuando:

Se o seu salário anual ideal é R$ 80.000 e seu custo anual é de R$ 20.000, você terá que dividir R$ 100.000 por 2.000. Nesse caso, o valor da sua hora de trabalho será de R$ 50 (100.000 / 2.000 = 50).

Conseguindo freelas e trabalhos remotos através de plataformas

Caso você ainda não tenha conseguido pensar no tipo de trabalho que pode oferecer, ou caso já tenha criado seu serviço, mas os clientes ainda não paguem seu salário anual ideal, uma ótima forma para complementar sua renda é procurar por freelas e trabalhos remotos em plataformas que oferecem esses tipos de vagas.

Há diversos sites brasileiros e estrangeiros que oferecem ótimas posições nas mais diversas áreas. É possível encontrar vagas em projetos específicos e até mesmo contratos de longa duração. A seguir, organizei uma lista, em ordem alfabética, com as principais plataformas disponíveis no mercado para te ajudar nesse começo.

99freelas

www.99freelas.com.br
(OFERECE OPORTUNIDADES EM PORTUGUÊS)

O 99freelas é um ótimo site para encontrar trabalhos remotos. Ele oferece cadastro gratuito e a possibilidade de filtrar as categorias para escolher os projetos que se encaixam no seu perfil.

Há diversas áreas de atuação possíveis, como advocacia, engenharia e arquitetura, tradução, fotografia e vídeo, vendas, desenvolvimento web, entre outros.

Você também pode ler a descrição das necessidades da empresa para o projeto em questão, além de checar há quanto tempo a oportunidade foi publicada e o número de propostas enviadas.

O lado "ruim" é que não há informação sobre quanto o cliente está disposto a pagar. O lado bom é que não há pagamento de mensalidade para ter prioridade no envio da proposta. Outro ponto interessante é que a comissão descontada pelo site é fixa – de 7% a 15% (R$ 3,00, no mínimo).

Appen

www.appen.com
(OFERECE OPORTUNIDADES EM INGLÊS)

A Appen oferece oportunidades de trabalho remoto na área de tecnologia e coleta de dados para *machine learning*. Há oportunidades para linguistas, programadores e outras funções específicas.

Em alguns casos, a empresa também pode exigir que o trabalhador resida em algum país específico – brasileiros no Brasil e alemães na Alemanha, por exemplo.

Vale lembrar que a empresa recruta colaboradores de qualquer lugar do mundo, mas é necessário que o candidato seja fluente em inglês.

Contentools

www.contentools.com/br
(OFERECE OPORTUNIDADES EM PORTUGUÊS)

A Contentools é uma empresa focada em marketing de conteúdo que oferece oportunidades de trabalho remoto para redator, editor, gestor de conteúdo, social media, video maker e designer.

Os interessados podem selecionar até cinco áreas de conhecimento para disputar trabalhos com outros freelancers.

Para trabalhar com a Contentools, no entanto, os candidatos precisam ter CNPJ e uma certificação de Inbound Marketing pela HubSpot – o programa é gratuito.

↘ **GetNinjas** www.getninjas.com.br
(OFERECE OPORTUNIDADES EM PORTUGUÊS)

O GetNinjas é a maior plataforma de contratação de serviços do Brasil. A empresa recebe mais de 2 milhões de pedidos de serviços por ano nas mais diversas áreas.

Você pode visualizar todos os pedidos gratuitamente. Uma grande vantagem da plataforma é que 100% do valor do serviço oferecido fica com o profissional, e não é cobrada mensalidade.

O cadastro é bem simples: para se tornar um "profissional verificado", basta enviar fotos do seu documento original através do aplicativo do GetNinjas. Com esse selo, você garante mais credibilidade ao seu perfil e mais segurança e confiança para os clientes.

Home Agent www.homeagent.com.br
(OFERECE OPORTUNIDADES EM PORTUGUÊS)

A Home Agent é uma empresa brasileira que contrata trabalhadores remotos para seus clientes.

A companhia oferece contratos formais de trabalho e seu foco é o atendimento ao consumidor: eles contratam pessoas para trabalhar em SACs, vendas e monitoria de qualidade, ou para realizar trabalhos de atendimento via chat, e-mail e redes sociais, tudo feito de forma remota.

Para se candidatar, basta acessar o site da Home Agent, selecionar uma oportunidade e fazer o cadastro para a vaga.

 italki www.italki.com
(OFERECE OPORTUNIDADES EM VÁRIOS IDIOMAS)

O italki é uma plataforma online de ensino de idiomas. Se você se sente confortável para ensinar uma nova língua para outras pessoas, essa pode ser sua chance de fazer uma renda extra – ou mesmo viver do ensino online.

A plataforma tem mais de 5 milhões de alunos e mais de 10 mil professores de mais de 130 idiomas.[2] Você pode ensinar de qualquer lugar: tudo o que precisa é de um computador, um fone de ouvido e uma conexão de Internet.

Lionbridge

www.lionbridge.com
(OFERECE OPORTUNIDADES EM PORTUGUÊS)

A Lionbridge é uma multinacional de software e serviços profissionais especializada em tradução, testes de software, interpretação, desenvolvimento de softwares e treinamento de inteligência artificial, entre outros.

A empresa oferece oportunidades de trabalho remoto em qualquer parte do mundo, incluindo vagas para falantes do português que não exigem fluência no inglês.

---

[2] Dados disponíveis em: https://teach.italki.com/about. Acesso em: 15 out. 2018.

Profes

www.profes.com.br
(OFERECE OPORTUNIDADES EM PORTUGUÊS)

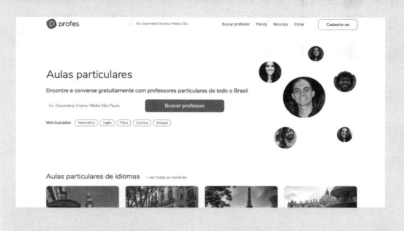

O Profes é a maior plataforma de aulas particulares do Brasil. A empresa oferece todos os recursos necessários para você se tornar um professor particular e oferecer aulas online e presenciais.

O cadastro é gratuito e há flexibilidade para ensinar onde e quando quiser. Também é você quem define quanto quer receber por aula, podendo sacar seus rendimentos a qualquer momento.

Remote

www.remote.co
(OFERECE OPORTUNIDADES EM INGLÊS)

Uma das maiores plataformas internacionais de trabalho remoto, na Remote.co você encontra vagas remotas (não apenas freelas) em empresas do mundo inteiro. Para se cadastrar, é necessário saber falar inglês.

Rock Content
www.rockcontent.com/freelancer
(OFERECE OPORTUNIDADES EM PORTUGUÊS)

A Rock Content é a maior comunidade de freelancers de marketing de conteúdo no Brasil. Atualmente, a empresa conta com cerca de 2.000 clientes em busca de criadores de conteúdo.

Eles oferecem oportunidades em home office para tarefas que envolvem planejamento de pautas, redação, revisão e até mesmo diagramação de e-books e infográficos.

Além disso, também disponibilizam um curso gratuito de Produção de Conteúdo para Web – exigência para o cadastro na plataforma, garantindo a qualidade dos profissionais que fazem parte da comunidade.

Cadastrar-se é gratuito: você só precisa ter a certificação do curso e escolher as funções que deseja desempenhar para começar.

Cerca de 10 mil trabalhos são criados todos os meses, então pode ter certeza de que algum se encaixará no que você tem a oferecer como criador de conteúdo.

A melhor parte é que não há comprometimento com relação a horas trabalhadas nem vínculo empregatício. Ou seja, você pode trabalhar quando e de onde quiser, desde que cumpra seus prazos e crie conteúdo de qualidade.

Trampos

www.trampos.co
(OFERECE OPORTUNIDADES EM PORTUGUÊS)

O Trampos nasceu em 2008 como um projeto colaborativo para fazer uma ponte entre a galera que precisava contratar e a galera que precisava trabalhar.

Hoje, essa é uma das principais plataformas brasileiras para quem está atrás de freelas – remotos ou não. Toda semana você encontra novas vagas no site. Vale ficar de olho.

Upwork

www.upwork.com
(OFERECE OPORTUNIDADES EM INGLÊS)

A Upwork é uma das plataformas mais conhecidas para encontrar trabalhos remotos. Ela conecta empresas a profissionais independentes.

O cadastro na Upwork é gratuito, e todo mês seus colaboradores recebem 60 "connects" – uma espécie de moeda virtual da empresa – não cumulativos.

Para cada proposta enviada, são "cobrados" no mínimo 2 connects. Ao final de cada mês, seu saldo é reabastecido até completar 60 connects novamente.

Você também pode checar quanto a empresa está disposta a pagar e quantas propostas já foram enviadas. A grande vantagem é que, por se tratar de uma multinacional, o pagamento é em dólar.

Na plataforma da Upwork, você vai encontrar uma gama enorme de projetos que envolvem desde escrita até programação. Vale a pena dar uma olhada.

Workana

www.workana.com
(OFERECE OPORTUNIDADES EM PORTUGUÊS)

O Workana é, basicamente, uma plataforma que une empresas que precisam de prestadores de serviços e prestadores de serviços que querem encontrar trabalhos remotos.

As empresas vão até o site e informam sua necessidade, a duração do projeto e uma estimativa de quanto eles estão dispostos a investir. Cabe a você, como freelancer, entrar no site e buscar as oportunidades que se enquadram no seu perfil. Para enviar uma proposta, você deve preencher um cadastro elencando suas habilidades.

Com uma interface simples e fácil de usar, esse é um dos sites mais populares entre os freelancers. O cadastro no Workana é gratuito, mas você pode enviar suas propostas apenas 24 horas após ela ser publicada – o que não costuma gerar muitos resultados. Caso você queira ser um dos primeiros a requisitar o trabalho, é preciso pagar uma mensalidade.

Além do pagamento da mensalidade, o Workana cobra comissões que variam de 5% a 20%, dependendo do valor do projeto.

Working Nomads

www.workingnomads.co
(OFERECE OPORTUNIDADES EM INGLÊS)

O Working Nomads, como o nome sugere, é uma plataforma pensada justamente em nômades digitais. Lá você encontra trabalhos remotos nas mais diversas áreas.

Uma função interessante dessa plataforma é o sistema de alerta de trabalhos. Você cadastra seu e-mail, define quais áreas mais lhe interessam e, sempre que pintar uma vaga com o seu perfil, você receberá uma mensagem.

***

Além dessas plataformas, você também pode utilizar o LinkedIn para encontrar trabalhos remotos. O menu "vagas" da rede profissional é bastante útil e intuitivo, e existem diversos filtros que podem te ajudar a encontrar um trabalho remoto.

Ao selecionar seus "interesses de carreira" dentro do menu "vagas", você pode ativar a opção que informa aos recrutadores a sua disponibilidade para pegar freelas e/ou trabalhos remotos.

Eu conversei com Dimitri Vieira – analista de marketing digital, produtor de conteúdo e editor-chefe do blog Comunidade Rock Content – para entender como funciona, na prática, a maior plataforma de freelancers na área de marketing de conteúdo no Brasil.

Atualmente, a Rock Content tem mais de 70 mil[3] freelancers e produtores de conteúdo cadastrados em sua base. Para atuar como freelancer na plataforma, o principal pré-requisito é ser certificado em Produção de Conteúdo para Web – um curso de 2h35 de duração oferecido gratuitamente pela própria empresa – por meio da Universidade Rock Content. Ao final do curso, é necessário fazer um teste para mostrar que os ensinamentos foram absorvidos. Se aprovado, o freelancer novato já recebe o certificado atestando que está apto a produzir conteúdo para a Internet.

Para ter sucesso escrevendo para a web, segundo Dimitri, não basta saber escrever. Afinal, o comportamento de um usuário em plataformas virtuais e impressas é muito diferente, sendo necessário levar vários aspectos em conta para não perder sua atenção no meio online.

Ele conta que existem vários casos de freelancers que vivem exclusivamente dos trabalhos oferecidos pela empresa: "Temos casos de redatores que apenas se aventuraram por meio do nomadismo digital, enquanto outros mais extremos chegaram a se mudar definitivamente para outro país. Há também o exemplo de uma redatora que é mãe e aproveita a oportunidade para passar o máximo de tempo ao lado dos filhos".

---

[3] Dado de outubro de 2018.

Quando o questionei sobre como a empresa consegue manter a qualidade do trabalho gerindo mais de 70 mil freelancers de forma remota, Dimitri explicou que a certificação de Produção de Conteúdo para Web já garante que todos entrem na plataforma com a mesma base, e que o primeiro filtro vem logo no processo de candidatura. Em média, 80% das candidaturas recebidas são reprovadas pelos analistas de conteúdo, que fornecem feedbacks objetivos sobre os pontos de melhoria para que o candidato possa estudar, melhorar e tentar novamente.

Segundo Dimitri, as maiores características de um bom freelancer são organização, boa comunicação, vontade de aprender, proatividade, disposição e capacidade de solucionar problemas, além da abertura para ouvir feedbacks e se desenvolver a partir deles. Caso você se enquadre nesse perfil, construir uma carreira como freelancer pode ser uma ótima opção dentro do seu projeto de nomadismo digital.

CLT: negociando horários flexíveis no seu trabalho atual

Se você gosta do seu emprego atual e entende que consegue desempenhar suas atividades atuais de forma remota, uma ótima opção é negociar horários flexíveis com o seu empregador. Foi isso que Pedro Custódio, o advogado mineiro, fez para poder viver deliberadamente com sua esposa no sítio do casal.

Uma maneira inteligente de abordar o assunto é apresentar uma proposta na qual você trabalha dois ou três dias em casa e o restante da semana no escritório. Dessa forma, você vai mostrando aos poucos para o seu empregador que o seu trabalho pode ser feito de qualquer lugar que tenha conexão com a Internet, até, finalmente, trabalhar 100% da sua carga horária de forma remota.

A CLT, inclusive, passou por uma reforma em 2017 a fim de adequar a legislação às novas relações de trabalho, incluindo aí o trabalho remoto – que foi chamado de "teletrabalho" pelo legislador.

O Capítulo II-A da CLT, que se inicia no artigo 75-B, define o teletrabalho como "a prestação de serviços preponderantemente fora das dependências do empregador, com a utilização de tecnologias de informação e de comunicação que, por sua natureza, não se constituam como trabalho externo". A lei procurou deixar as partes livres para negociarem suas condições, então a melhor maneira de chegar num acordo que beneficie ambos os lados é conversando com o seu empregador.

Conciliando sua rotina atual com seu projeto de nomadismo digital

Essa, na minha opinião, é a parte mais difícil. Se você está decidido a deixar o seu emprego atual, mas ainda não pode fazê-lo porque precisa pagar suas contas, é necessário ser extremamente disciplinado e encontrar uma maneira de conciliar sua rotina atual com o seu projeto de se tornar um nômade digital.

Isso significa que por um período de tempo, longo ou não, você dormirá pouco, não terá vida social e terá que ser extremamente produtivo. Isso vai totalmente contra viver deliberadamente, mas, em algum momento do seu projeto de nomadismo digital, será necessário viver como um *workaholic*.

Seu foco total deve estar em sua mudança de vida. Por quase dois anos, aproveitei cada atividade banal do meu dia – como lavar a louça ou passar o aspirador no apartamento – para investir em conhecimento. Ouvia podcasts e audiolivros no caminho para o trabalho, assistia a vídeos de empreendedores no YouTube durante o almoço e, no tempo que passava em casa, incluindo os finais de semana, publicava conteúdos no meu blog e no LinkedIn com o intuito de ser visto.

Foi um período tortuoso, e pensei várias vezes em desistir. Várias mesmo. Não conseguia visualizar como eu poderia ser um nômade digital se, na época, ganhava tão pouco e não enxergava oportunidades para mudar minha realidade. Além disso, percebi que essa rotina insana estava fazendo mal para a minha saúde e para os meus relacionamentos.

No feriado do Dia do Trabalho de 2016, após uma caminhada para espairecer pela praia de Jaguaruna, em Santa Catarina, no melhor estilo Thoreau, decidi largar meu projeto de ser um nômade digital. Investir meu tempo para escrever artigos, na minha visão limitada da época, estava sendo um desperdício. Voltei para casa decidido a encontrar um novo emprego na minha cidade que pagasse um pouco mais. Eu estava fadado a ver minha vida passar pela janela de um cubículo. Esgotado mentalmente e fisicamente, aceitei minha derrota.

No dia seguinte, ao ver uma notícia sobre o novo álbum da banda Radiohead e sua inusitada estratégia de marketing, tive uma ideia de texto. A vontade de escrever superou o cansaço e venceu o Matheus do dia anterior. O tal artigo está longe de ser meu melhor texto – tanto em qualidade, quanto em métricas –, mas foi o responsável por eu ser descoberto (lembra daquele negócio de ser visto?) pelos editores do LinkedIn, que fazem a curadoria dos melhores artigos escritos diariamente e os divulgam nos canais oficiais da rede profissional.

Esse fato renovou minhas esperanças e eu continuei escrevendo. Na mesma semana, pela primeira vez na vida, um artigo meu viralizou e ultrapassou as barreiras do LinkedIn, sendo republicado por diversos portais. Com a visibilidade, surgiram as primeiras oportunidades. Portas se abriram, convites apareceram. Eu finalmente havia sido visto.

Com novas cartas na mesa, pude tirar o pé do acelerador e buscar um meio termo dentro da minha rotina. Passei a me alimentar melhor e a fazer exercícios físicos. Também encaixei na minha agenda um dia na semana para eventos sociais – sair com a minha esposa, me encontrar com familiares ou amigos. Esse equilíbrio foi fundamental nesse período de incertezas.

O Radiohead foi o responsável indireto por eu viver da produção de conteúdo e ser um nômade digital hoje, mas a lição que fica dessa história é: seu projeto de nomadismo digital depende da sua consistência. Se eu tivesse parado de escrever naquele feriado do Dia do Trabalho de 2016, certamente você não estaria lendo este livro hoje e eu não teria visitado mais de dez países nos anos seguintes. Desistir no meio do caminho só te fará ter que recomeçar do zero no futuro.

CAPÍTULO

03

PLANEJANDO SUA NOVA VIDA: O MOMENTO CERTO DE PEDIR AS CONTAS

A vida humana acontece só uma vez, e não poderemos jamais verificar qual seria a boa ou a má decisão porque, em todas as situações, só podemos decidir uma vez. Não nos são dadas uma primeira, segunda, terceira ou quarta chance para que possamos comparar decisões diferentes.

— Milan Kundera,
A insustentável leveza do ser

O FRANCÊS GUSTAVE FLAUBERT, um dos maiores escritores da história, falou certa vez sobre a importância de ser "constante e metódico em sua vida para que possa ser violento e original em seu trabalho". A maioria das pessoas que conheço vive no automático. Vivem dia após dia realizando tarefas, cumprindo ordens e sonhando com dias melhores. Como se apenas sonhar com algo magicamente transformasse esse sonho em realidade. Poucos são os que se planejam – e menos ainda os que colocam esse planejamento em prática.

Se você quer se tornar um nômade digital, não pode viver no automático. Tampouco pode (ou deve) se demitir imediatamente. É preciso planejamento para que essa transição seja feita com os menores riscos possíveis. Parafraseando novamente Flaubert, você deverá ser "constante e metódico" para que as coisas aconteçam.

O primeiro passo, por mais óbvio que pareça, é a **decisão**. Você realmente quer se tornar um nômade digital, com todos os prós e contras desse estilo de vida e trabalho, ou apenas tem um fetiche adolescente de "largar tudo e viajar o mundo"? Você já pensou sobre isso de forma racional? Como é a sua relação com a sua família? E com os seus amigos? Você aguentaria ficar longe dos seus entes queridos por longos períodos de tempo? São esses questionamentos que você terá que colocar na balança para se decidir.

Caso você conclua que realmente tem o perfil para viver como nômade digital e esteja, de fato, decidido a seguir com o seu projeto de nomadismo, é hora de seguir para a próxima etapa: o **planejamento**. Nessa fase, as planilhas serão suas fiéis companheiras. Você pode utilizar o cálculo do valor da hora de trabalho (mostrado no capítulo anterior) e somar a ele os custos das viagens (passagens aéreas, hospedagens, alimentação, etc.). Minha sugestão é que você faça uma reserva financeira com seis meses do seu salário atual, ou do último salário. Uma espécie de garantia caso as coisas não saiam como o planejado. Foi o que eu fiz, e, no meu caso, felizmente não precisei utilizar minhas reservas com imprevistos.

A terceira fase é a **execução** do planejamento. Aqui, você terá que ser "violento e original em seu trabalho". Isto é, foco total não só na realização das tarefas, mas na criação de um *mindset* que o faça viver em torno do seu projeto de nomadismo digital. Todas as suas ações, desde leituras a conteúdos produzidos na web, devem estar ligadas ao seu objetivo de trabalhar de forma remota. Essa também é a fase mais cansativa, e você certamente pensará em desistir algumas vezes. Não será fácil conciliar seu trabalho atual, caso tenha um, com a execução do seu planejamento, mas trata-se de algo que precisa ser feito caso você queira mudar de vida. Isso, por vezes, significará trabalhar por até quatorze horas diárias – juntando seu trabalho atual com a execução do planejamento.

A quarta e última fase é o **peitaço**. Em algum momento você terá que encarar a realidade, superar suas inseguranças e pedir as contas. Caso você esteja desempregado, o peitaço é dado já durante a execução, afinal, você precisa pagar suas contas. O que você deve ter em mente é que o momento certo, aquele em que todos os planetas estão alinhados e anjos cantam belas canções, talvez nunca chegue. Seu planejamento pode não sair como o esperado e imprevistos acontecem. Em casos assim, o peitaço requer ainda mais coragem – e responsabilidade. Nunca tome decisões baseadas na emoção. Seja racional. Não largue tudo.

Cuidado com esse negócio de "largar tudo e viajar o mundo"

 Descansando em Maya Bay, na Tailândia, logo após "largar tudo". Novembro de 2017.
FOTO: LAÍS SCHULZ.

PORTAL DE NOTÍCIAS

CASAL LARGA TUDO E VIAJA 38 PAÍSES DE CARRO.

bit.ly/nd_maya

Casal larga tudo para viajar pelo mundo com os dois filhos.

Casal brasileiro larga tudo para viajar o mundo em carro adaptado.

 Casal se conhece no Tinder e larga tudo para viajar pelo mundo de carro.

VOL.1 / EDIÇÃO 1   JUNHO DE 2017

Casal de brasileiros larga tudo para viajar pela Europa em um motorhome.

Casal larga tudo para viajar o Brasil de Kombi.

Advogada larga tudo para morar e viajar em uma Kombi 94.

Jovem larga tudo para viajar de van com seu gato.

Empresário larga tudo e decide viajar o mundo de bicicleta.

Família larga tudo para viver e viajar de ônibus.

Homem larga tudo para viajar de caiaque com seu cachorro.

E o meu favorito:

PUBLICITÁRIO LARGA TUDO PARA VIAJAR E BEBER CERVEJA.

62

Todos esses títulos são de matérias reais veiculadas em grandes portais brasileiros. Em uma simples busca no Google, você as encontra. O que não é real nessas chamadas é que nenhuma dessas pessoas largou tudo de uma hora para a outra. Inclusive na notícia do casal que se conheceu no Tinder e "largou tudo". Um trecho da matéria diz que eles "começaram a namorar em 2013 e decidiram que, no ano seguinte, largariam tudo para viajar o mundo". Ou seja, houve planejamento.

Esse tipo de matéria, além de ser caça-clique, é um verdadeiro desserviço. Explico: a expressão "largar tudo", de certa forma, pode inspirar quem lê um desses artigos, mas aponta para um cenário muito fora da realidade. Passada a inspiração inicial, isso pode frear o entusiasmo de alguém que está descontente com sua vida e precisa de uma mudança. Afinal, ao menos que você seja um milionário ou tenha alguém que te banque, não existe esse negócio de "largar tudo". O que existe é planejamento e muito, mas muito trabalho.

Não bastasse isso, esse tipo de matéria ainda pode gerar uma série de frustrações para quem, de forma irracional, realmente larga tudo para tentar ser nômade digital. Isto é, aquela pessoa que simplesmente decide se demitir do seu emprego atual sem pensar nas consequências.

Foi o que aconteceu com o jornalista e especialista em marketing e gestão de negócios, Renato Ribeiro. Sem planejamento algum, Renato comprou uma passagem só de ida para o Nordeste e se viu obrigado a conseguir mais clientes como freelancer para pagar suas contas. Segundo ele, se ganhava 3 mil por mês, gastava 4,5 mil com seu novo estilo de vida. Em pouco tempo sua reserva financeira secou e Renato ficou em maus lençóis – inclusive emocionalmente, já que entrou em depressão.

O jornalista se viu obrigado a voltar para a casa da mãe em Belo Horizonte para conseguir equilibrar suas finanças. Começou a fazer terapia para lidar com a depressão, contratou uma assessora financeira e hoje, após quebrar a cara por ter "largado tudo", está na estrada novamente, dessa vez de forma planejada.

Durante essa fase de planejamento, aliás, você pode fazer pequenos testes como nômade digital dentro do Brasil. Isto é, você pode passar uma semana ou alguns meses em uma cidade dentro do seu estado para entender se você consegue, de fato, trabalhar de forma remota fora de casa. Foi o que eu e minha esposa fizemos em Santa Catarina antes da nossa primeira viagem internacional. E foi também o que a publicitária paulista Debbie Corrano, especialista em planejamento estratégico, fez e aconselha para futuros nômades digitais.

Debbie conta que primeiro arranjou uma forma de ganhar dinheiro remotamente, depois encontrou um equilíbrio para conseguir viver desse dinheiro. No começo, teve tanto medo das coisas darem errado que preferiu juntar dinheiro para pagar seis meses de aluguel adiantado na primeira cidade onde foi morar. Durante um ano, trabalhou de casa como freelancer, criando seu próprio negócio, encontrando clientes, guardando dinheiro e vendendo itens pessoais para só depois viajar para outro país.

Caso você seja servidor público, uma boa maneira de fazer essa transição é pedir uma licença não remunerada, também conhecida como Licença para Tratar de Interesses Particulares. Informe-se no órgão onde trabalha para saber se você se enquadra nos requisitos.

Outra opção que envolve menos riscos, caso você seja um executivo de uma grande empresa e/ou tenha condições financeiras para tal, é tirar um período sabático. Eberson Terra, um dos Top Voices do LinkedIn em 2018, fez isso. Em 2015, quando ele e sua esposa Iara Vilela decidiram que, em algum momento de suas vidas, iriam "largar tudo" (de forma planejada, é claro) para conhecer novas culturas, definiram que não deixariam de lado questões profissionais e laborais. Os dois sentaram juntos na mesa da cozinha, abriram uma planilha eletrônica no notebook e começaram a listar tudo o que seria necessário para viver essa nova fase. Sem medo de soar repetitivo, novamente o tal do planejamento.

O casal discutiu desde os destinos por onde eles passariam até projeções financeiras de longo prazo. Executivo de carreira, Eberson teve condições de trazer ferramentas e metodologias para simular seis possíveis cenários para o início e execução do plano de ação dos dois. Essas simulações consideravam problemas financeiros que podiam ser enfrentados pelo caminho, como taxa de retorno de investimentos do casal, economia do país e outros critérios. A cada mês, o planejamento era novamente revisado e discutido – uma forma de Eberson e Iara saberem se estavam perto ou ainda precisariam de mais tempo para finalmente mudarem de vida.

A decisão final veio em agosto de 2017, quando boa parte das metas estabelecidas pelo casal se concretizou. Iara continuaria em seu emprego vinculado a viagens, pois já era um trabalho remoto, enquanto Eberson pediria o desligamento da empresa em que trabalhava. Inicialmente ele focaria em um período de descanso – estava esgotado após doze anos em um cargo bastante estressante –, mas sem descartar a possibilidade de pensar em projetos menores para ocupar a mente durante o tempo em que estivesse fora.

Entre agosto de 2017 e fevereiro de 2018, eles prepararam tudo o que era necessário para o início da viagem sabática: alugaram a casa no Brasil, venderam seus carros e doaram caixas e mais caixas de roupas. Era preciso começar a preparação física e mental, então os dois diminuíram o ritmo e exercitaram novos modos de consumo – afinal, a ideia do casal era viajar por seis meses ininterruptos apenas com uma mala de mão de dez quilos para cada.

Em meados de abril de 2018, embarcaram para a primeira etapa da viagem. Nos dois primeiros meses, Eberson tentou utilizar seu tempo para descansar a mente, aproveitando seu período sabático, enquanto Iara trabalhou normalmente. Com o passar do tempo, Eberson começou a planejar dois novos projetos profissionais, mas de maneira mais leve do que o frenético ritmo em que viveu por tanto tempo.

Essa primeira etapa se encerrou em outubro do mesmo ano. Eberson e Iara passaram por dezenove países entre a Europa e a África e retornaram ao Brasil para as festas de fim de ano com a família. O planejamento do casal foi seguido à risca e, como previsto, voltaram para a estrada no início de 2019.

OKRs: definindo e rastreando seus objetivos e resultados por meio de uma metodologia utilizada por gigantes do Vale do Silício

Logo que comecei a fazer algum barulho no LinkedIn com os meus textos, recebi um e-mail de congratulações do Tiago Giusti, CEO da Portabilis, uma start-up social que está transformando a realidade de milhares de escolas públicas do Brasil por meio da implementação de softwares livres. Em comum, além da nossa veia empreendedora, a localização geográfica: ambos somos catarinenses – ele de Içara e eu de Imbituba (mas, na época, morando na vizinha Tubarão).

Nos conhecemos pessoalmente no maior evento de marketing digital e vendas da América Latina, o RD Summit, promovido em Florianópolis pela Resultados Digitais. O encontro resultou em uma parceria de negócios que virou amizade – e aqui vai uma dica extra: eventos desse tipo são ótimos para fazer *networking*.

Dois anos depois, durante um café em sua cidade natal, ele me falou sobre uma metodologia de planejamento chamada *Objectives and Key Results* (OKR). Em dez minutos de conversa, percebi que era exatamente disso que eu precisava quando decidi me tornar um nômade digital. Aquele tipo de coisa que você sente que deveria ter aprendido antes. Hoje, todos os meus projetos, profissionais ou não, são definidos e medidos através de OKRs.

Definição de OKR

Criada na década de 1970 pela Intel e adotada pela Google em 1999, a metodologia de gestão por OKR é focada na definição e resolução de metas. É utilizada por gigantes do Vale do Silício, como LinkedIn, Twitter, Spotify e Dropbox. No Brasil, VivaReal, Nubank, Resultados Digitais e Portabilis são os principais entusiastas da metodologia.

A ideia do processo é estabelecer metas mensuráveis que devem ser acompanhadas em ciclos curtos (trimestrais). Dessa maneira, as equipes se manterão alinhadas e engajadas no alcance de um mesmo objetivo. A metodologia OKR foca nos resultados, no aprendizado e, principalmente, nos ganhos de performance.

Segundo o CEO da Portabilis, "os OKRs também ajudam a comunicar a missão e a estratégia da empresa para todos os times, tornando mais transparente para os colaboradores o que é prioridade, mantendo o foco e evitando desperdício".

No âmbito de planejamento pessoal, Tiago Giusti é um dos pioneiros no Brasil quando o assunto são OKRs. Embora lá fora já exista o conceito de *Personal OKRs*, aqui ainda é algo novo. E a estratégia do Tiago pode te ajudar muito nessa transição para o nomadismo digital.

Exemplos de OKRs: objetivos e resultados-chave

Objetivos são aquilo que você deseja alcançar. Resultados-chave são os critérios de sucesso dos seus objetivos. Para conseguir visualizar melhor essa estratégia, pense no seguinte: objetivos são sempre qualitativos e aspiracionais; resultados-chave são quantitativos e medidos através de métricas.

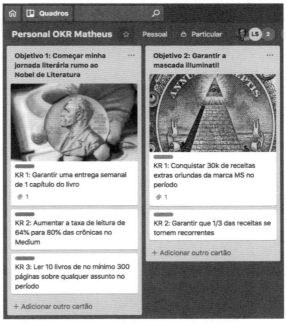

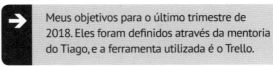

Meus objetivos para o último trimestre de 2018. Eles foram definidos através da mentoria do Tiago, e a ferramenta utilizada é o Trello.

Quando falo que gostaria de ter conhecido essa metodologia no momento em que decidi me tornar um nômade digital, a explicação é simples: externalizar um sonho e transformá-lo em algo palpável por meio de objetivos claros aumentará sua motivação para chegar lá. Esse planejamento detalhado certamente encurtaria o caminho para que eu me tornasse um nômade digital.

Sobre meus novos objetivos, hoje posso estar longe, muito longe, de me tornar um Nobel em Literatura. Porém, o livro que você lê neste exato momento foi o primeiro passo na minha carreira literária. Ou seja, você deve definir um ou mais objetivos de longo prazo e estabelecer quais tipos de atividades você precisará executar a cada trimestre para realizar seu sonho.

No meu caso, o Objetivo 1 é "Começar minha carreira literária rumo ao Nobel de Literatura". Para chegar lá, defini três resultados-chave (KR) para o trimestre:

- KR1: garantir a entrega semanal de 1 capítulo do livro;
- KR2: aumentar de 64% para 80% a taxa de leitura das crônicas no Medium;
- KR3: ler 10 livros de no mínimo 300 páginas sobre qualquer assunto no período.

Perceba que todos os resultados-chave são medidos por números – ou seja, você não pode usar informações vagas que não possam ser medidas de forma quantitativa. A checagem e o acompanhamento dos seus OKRs devem ser feitos semanalmente, e a cada semana você deverá ser capaz de responder as seguintes perguntas:

- O que mudou nos resultados-chave desde o último acompanhamento?
- Com as informações que tem hoje, o quão confiante você está para alcançar cada resultado-chave?
- O que está retardando você?
- O que você fará para melhorar os resultados?

Planejamento estratégico pessoal (PEP)

Antes de fazer o seu PEP, você deve definir os princípios morais e éticos dos quais não abrirá mão. Ou seja, você precisará determinar seus valores pessoais e preencher uma Análise SWOT[1] para estabelecer seus objetivos de curto, médio e longo prazo, nos âmbitos pessoal, material e profissional, por meio de uma "cesta de sonhos" – também conhecida como aquilo que você tem vontade de fazer, mas lhe falta coragem.

Mesmo que pareça papo de guru charlatão, ao descrever tudo que citei acima você perceberá que nem imaginava saber tanto assim sobre si mesmo! A partir deste momento, suas ações e os ambientes que você frequenta se tornarão parte do seu *mindset* de evolução constante. Isso significa que, na pior das hipóteses, veremos no Capítulo 5 você se afastar daquele amigo que te puxa para trás.

Valores, forças, fraquezas, oportunidades e ameaças

Você precisará de muito autoconhecimento para descrever, em seu PEP, os princípios morais e éticos dos quais não abrirá mão durante sua jornada. Para te ajudar nessa missão, usarei meus valores como exemplo.

MEUS VALORES

- Liberdade individual
- Flexibilidade
- Minimalismo
- Transparência
- Humildade
- Empatia
- Autoconfiança

- Conforto e praticidade
- Respeito às diversidades
- Otimismo
- *Mindset* de aprendizado constante
- Consistência
- Bom humor

Durante esse processo de autoconhecimento, Tiago pediu que eu definisse meu "baluarte", ou seja, minha causa, meu local seguro que fundamenta o alicerce das minhas escolhas. Para evitar mentir para si mesmo, peça que alguém de confiança revise sua lista e pergunte se essa pessoa enxerga tais características em você.

---

[1] Disponível em: <https://marketingdeconteudo.com/como-fazer-uma-anal-ise-swot>. Acesso em: 15 out. 2018.

Seguindo o processo de autoconhecimento, preencha sua Análise SWOT. A minha ficou assim:

FORÇAS	FRAQUEZAS
↘ Facilidade na comunicação escrita ↘ Comprometimento com a qualidade ↘ Didática e excelente capacidade de aprendizagem ↘ Habilidade de formar e manter *networking* de valor ↘ Criatividade e visão empreendedora ↘ Curioso e questionador ↘ Inteligência emocional para lidar com adversidades	↘ Individualista/não trabalha bem em equipe ↘ Não cuida do equilíbrio entre o corpo e a mente ↘ Dificuldade de socialização ↘ Dificuldade com finanças/números/economizar ↘ Procrastinação ↘ Medo de ser julgado e criticado
OPORTUNIDADES	**AMEAÇAS**
↘ Participar de eventos para fortalecer o *networking* ↘ Criar posicionamento como escritor em vez de produtor de conteúdo ↘ Oportunidades internacionais ligadas à escrita e *networking* ↘ Crescimento pessoal e profissional por conta das viagens ↘ Aprender coisas novas por conta da flexibilidade ↘ Diversificar o portfólio de produtos e serviços ↘ Buscar rotinas de cuidados com a saúde	↘ Preocupação com rótulos e julgamentos ↘ Problemas de saúde ↘ Dependência de canais alugados ↘ Projetos em comum afetarem a relação conjugal ↘ Ter filhos

O PEP tem me dado muita clareza sobre *onde* quero chegar. E, mais que isso, ele tem me mostrado *como*.

Templates para você definir seus OKRs

Agora é a sua vez! Utilize o Trello para criar *cards* com seus OKRs para o próximo trimestre. Abaixo, um exemplo de como você pode definir seus objetivos e mensurar os resultados.

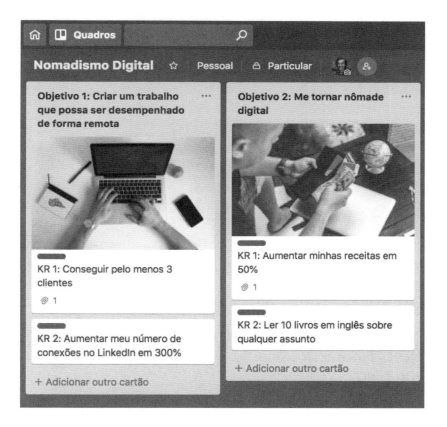

Para medir seu desempenho nos *cards* do Trello, utilize as seguintes etiquetas:

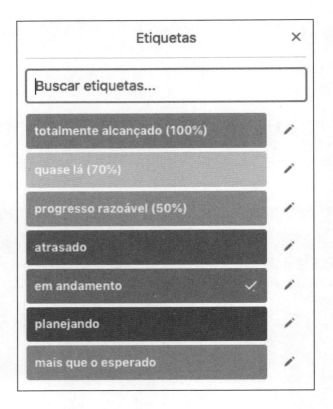

Ah, e não se esqueça do PEP! Defina aqui os princípios morais e éticos dos quais você não abrirá mão e, em seguida, preencha a Análise SWOT na próxima página.

FORÇAS	FRAQUEZAS

OPORTUNIDADES	AMEAÇAS

CAPÍTULO 04

MARCA PESSOAL: INVISTA TEMPO E DINHEIRO

---

*O conteúdo pode ser o rei,
mas a distribuição é o reino.*

– Derek Thompson,
Hit Makers

A PRIMEIRA COISA que fiz quando decidi viver da produção de conteúdos – antes mesmo de sonhar em me tornar um nômade digital e ainda sem saber exatamente que tipo de serviço oferecer – foi criar um blog com o meu nome. Registrei o domínio *matheusdesouza.com*, contratei um serviço de hospedagem de sites e, de forma autodidata, aprendi a mexer no WordPress – uma das maiores plataformas de criação de sites e blogs do mundo.

Minha ideia com o blog e, posteriormente, com o LinkedIn, era simples: eu queria utilizar meus conhecimentos específicos para ajudar profissionais da minha área em começo de carreira e, de quebra, ser visto como uma autoridade digital para conseguir novas oportunidades. Marketing pessoal. Na época, eu havia finalizado um MBA em Gestão de Negócios e, embora não tivesse grande experiência prática para escrever a respeito, tinha certo conhecimento teórico sobre assuntos ligados a empreendedorismo e marketing digital.

Para distribuir meus conteúdos, além das redes sociais, apostei na criação de uma newsletter. A explicação é simples: as redes sociais são plataformas alugadas, isto é, somos meros inquilinos digitais que dependem de algoritmos que mudam suas regras o tempo todo. A distribuição dos nossos conteúdos em redes sociais depende de uma série de fatores que fogem do nosso alcance.

Blogs e newsletters, por outro lado, são espaços próprios onde é você quem dita as regras de distribuição – tudo dependerá da sua regularidade como produtor de conteúdo.

Além disso, você pode utilizar seus próprios canais para bombar seus conteúdos nas redes sociais. Hoje o LinkedIn é minha rede principal de distribuição, mas para ser lido por lá não dependo apenas do tráfego interno da rede: meu blog e minha newsletter são fundamentais para que meus textos sejam distribuídos para os leitores. De uma forma ou de outra, quem me acompanha acaba vendo meus conteúdos mesmo que eles não apareçam no feed – um mecanismo de defesa contra algoritmos que mudam o tempo todo.

Depender de alguma rede social específica pode ser um tremendo tiro no pé – lembra do Orkut? Por isso, recomendo fortemente que você invista tempo, e algum dinheiro, em canais próprios. No caso do blog, você ainda tem a vantagem de aparecer nos resultados de busca do Google – basta estudar o básico de Search Engine Optimization (SEO).

Blog

Ter um blog associado ao seu site é como ter sua casa própria na Internet. Em poucos cliques, seus visitantes poderão saber quem você é, o que você faz e ainda aprender algo com os seus conteúdos.

A grande vantagem de ter seu próprio canal é não depender dos algoritmos das redes sociais. Estudando as boas práticas de SEO, você certamente terá bons resultados no médio prazo.

Quando comecei minha carreira como freelancer em produção de conteúdo, desenvolvi artigos para o meu blog focados nessa temática. Dicas, reflexões e textos que mostravam a importância da produção de conteúdo dentro da estratégia de marketing das empresas. Graças a esses conteúdos, em poucos meses consegui posicionar a página de serviços do meu site na primeira página do Google.

Se você digitar "freelancer em produção de conteúdo" no campo de buscas do Google, me encontrará facilmente. Faça o teste.

A melhor parte é: eu não paguei por isso. Eu produzi conteúdos focados no meu público-alvo e gerei valor para a minha audiência. Isso resultou em alcance orgânico para o meu blog e uma agenda profissional que está sempre cheia.

Talvez você ainda não se sinta confiante escrevendo ou não saiba exatamente quais temas abordar em seu blog. Bom, comigo aconteceu o mesmo. Isso é normal. A confiança só aparece com a prática. Acredite: o ato de escrever é um processo como qualquer outro. Uma vez que você o desenvolve e cria uma rotina em torno disso, seus medos sumirão e a escrita se tornará um hábito.

O desafio da escrita

Me perguntam uma vez como consigo escrever tanto. Querem saber de onde surgem as ideias, como é meu processo criativo e outras questões que permeiam a contação de histórias, conhecida no mundo corporativo como *storytelling*.

A verdade é que todo mundo tem uma história para contar. E não estou falando exatamente de uma vivência que mudou sua vida. Hoje você provavelmente foi para o trabalho. O trajeto até lá rende uma história. O papo com os colegas na copa da empresa. O telefonema do cliente que o fez perder a paciência. Você lendo este livro. O trajeto de volta. Você contando do seu dia para o(a) seu(sua) cônjuge.

Cada experiência, por menor que pareça, pode dar origem a um bom texto. O texto mais lido da história do LinkedIn no Brasil fala sobre pontualidade. O dia de todo mundo tem 24 horas. Todos já sofreram com atrasos alheios – ou já se atrasaram. A diferença é que o Marc Tawil transformou isso em história. E colhe os frutos até hoje.

A partir do momento em que você conta algum desses acontecimentos corriqueiros para alguém, tem-se uma história. A opção de colocar isso num papel é sua. Tudo é útil para quem escreve. Todas as experiências, todas as dificuldades, tudo o que você vivencia.

De onde surgem as ideias

Hoje é uma terça-feira como qualquer outra dentro da minha rotina. Acordei cedo, tomei água, fiz café, servi o café numa caneca *hipster*, comi uma banana, joguei a casca da banana no saco de lixo orgânico, dei alguns passos até a escrivaninha, peguei o notebook na mochila, sentei na minha cadeira desconfortável, liguei o notebook, chequei os e-mails, vi que a mensagem com o título "Urgente" não era urgente e abri o editor de textos para escrever essas linhas.

O parágrafo acima é um exemplo de uma pequena história sobre eventos banais. Coisas corriqueiras que talvez também façam parte da sua rotina. Essa ideia de descrever o que fiz há alguns minutos, por exemplo, eu tive enquanto fazia meu café. Porém, a ideia desse texto existe desde a última semana, quando conversei com dois colegas sobre o assunto. No aplicativo de notas do meu celular, há o seguinte lembrete: "Escrever que todo mundo tem uma história para contar".

Muitas pessoas têm uma ideia romântica de que grandes escritores escrevem apenas quando estão inspirados. Como se uma luz divina invadisse a janela do apartamento e abençoasse os dedos daquele que escreve. A verdade, no entanto, é bem menos glamorosa. As ideias podem surgir a qualquer momento: enquanto você faz café, lava a louça, faz um exercício físico ou toma banho. Mas elas se vão do mesmo jeito que aparecem. Então, é dever do escritor anotar qualquer lampejo criativo que surja durante o dia. Seja no celular, no computador ou no bom e velho caderninho. O resto do trabalho é sentar a bunda na cadeira e tentar transformar a ideia em história.

Processo criativo

Desde que escrever se tornou um trabalho, senti a necessidade de criar um processo. E ele é bem simples, para ser sincero – o que não significa que vá funcionar para você. Mantenho um arquivo com notas de ideias que surgem ao longo do dia. Ele está na nuvem, sincronizado com o celular e com o notebook, então posso acessá-lo onde e como quiser. A maioria dessas ideias não dá em nada. Porém, numa terça-feira como a de hoje, quando me sento para escrever, sempre tenho algo a dizer. Basta consultar minhas notas.

Decidido o tema, meu foco vai para o título. Muitos autores defendem que essa deve ser a última coisa escrita no seu texto, mas eu penso diferente. Meus artigos giram em torno do título. É comum, por exemplo, eu levar vinte minutos ou mais para lapidar uma ideia do meu bloco de anotações e transformá-la em um título impactante. Mas, feito isso, consigo enxergar claramente a estrutura que o texto deve seguir.

Meu processo continua com uma pergunta: O que eu tenho para falar sobre esse tema?

Escrevo frases soltas que viram subtítulos. Organizo-as de uma forma que faça sentido no texto visualizado mentalmente, e só então começo a escrever. Essas frases soltas servem como um norte – não necessariamente chegarei ao final do artigo fiel a elas. Ao longo do processo, outras ideias vão surgindo e, quando percebo, já escrevi mil palavras – minha meta diária.

Pedir opiniões alheias pode não ser uma boa ideia

"Você pode ler meu texto? Gostaria muito da sua opinião."

Talvez essa seja a pergunta que mais recebo nas redes sociais. Cito o diálogo entre o Hemingway "woodyallenano", vivido por Corey Stoll em *Meia-noite em Paris*, e o aspirante a romancista Gil Pender, personagem de Owen Wilson, para lhe dizer algo que explicarei no final desta provocação.

Pender está hesitante quanto ao tema do livro que está escrevendo. De bate-pronto, o famoso autor de *Por quem os sinos dobram* retruca:

— Nenhum tema é horrível se a história é real e se o texto é claro e sincero.

O inseguro escritor agora pede uma opinião. Quer que Hemingway leia seus escritos. O diálogo continua:

— Eu só queria uma opinião — diz Pender.

— Minha opinião é que eu detesto! — Esbraveja Hemingway.

—Você nem leu...

— Detesto textos ruins. E se for bom, terei inveja e detestarei mais. Não queira a opinião de outro escritor. Escritores são competitivos! Se é escritor, seja o melhor escritor!

O que eu, Matheus, quero te mostrar com isso é que a sua escrita não precisa — nem deve — soar como a dos seus escritores favoritos. É uma questão de autenticidade. Quando você me questiona sobre o que eu acho do seu texto, eu vou te responder o que eu acho de acordo com os meus gostos literários — que muito provavelmente são diferentes dos seus. Pedir opiniões pode limitar a sua criatividade.

Lembre-se sempre da polêmica frase de Henry Ford: "Se eu perguntasse a meus compradores o que eles queriam, teriam dito que era um cavalo mais rápido".

Ela pode ser extrema e causar controvérsias, mas, tendo em vista que a escrita é uma arte e, como tal, é subjetiva, penso que faz sentido trazê-la para o universo do produtor de conteúdo.

Existe fórmula para viralizar um conteúdo?

A arquitetura da mente humana é antiga, e as mais diferentes gerações compartilham suas necessidades mais básicas: entender e ser entendido. Ou seja, para que uma pessoa compartilhe, por conta própria, algum conteúdo seu ou da sua empresa, ela precisa encontrar o que o escritor Derek Thompson, autor do best-seller *Hit Makers*, chama de familiaridade: uma ideia que já passou pela cabeça das pessoas, mas que nunca foi verbalizada.

É por isso que, quando alguém compartilha uma experiência pessoal no LinkedIn, seja um relato sobre largar tudo ou uma reflexão sobre reuniões que poderiam ter sido um e-mail, esses conteúdos viralizam. Uma ideia familiar é mais simples de ser processada.

Mesmo que o leitor nunca tenha de fato largado tudo, por exemplo, ele certamente já pensou sobre isso, bem como já participou de alguma reunião improdutiva. Em ambos os casos há familiaridade e, se há familiaridade, você tem a atenção das pessoas. Bingo!

Os primeiros comentários no texto, aliás, podem te dar uma ideia se o seu conteúdo tem potencial de viralizar ou não. "*Nossa, esse texto foi escrito pra mim!*" é o principal indicativo de que você escreveu um conteúdo familiar ao leitor.

Como falei acima, para alcançar a familiaridade você precisa escrever sobre uma ideia que já passou pela cabeça do leitor, mas nunca foi verbalizada. Ou seja, é preciso que as pessoas que lerem o seu texto pensem que aquilo foi escrito para elas.

Newsletter

De vez em quando vejo alguém falando que o e-mail marketing morreu. Bom, no meu negócio, pelo menos, essa ainda é a ferramenta mais efetiva e com maior Retorno Sobre Investimento (ROI). A grande vantagem de ter uma newsletter e entregar conteúdo de valor para o seu público é que, quando você finalmente oferecer um serviço ou produto, seus leitores já estarão preparados para recebê-lo. E mais: você terá uma lista de pessoas que confiam no seu trabalho.

Para fazer o disparo das mensagens, você precisará contratar algum serviço de e-mail marketing. O mais famoso no mercado mundial é o MailChimp, mas no Brasil também temos ótimas opções. Basta fazer uma rápida pesquisa para encontrar aquela que atenda às suas necessidades e caiba no seu bolso.

Captar os e-mails é a parte mais fácil. Se você escreve para a web, seja no seu próprio blog ou em plataformas como LinkedIn e

Medium, basta utilizar uma simples *call to action* no final dos artigos. Algo como: "Quer receber meus textos por e-mail? Cadastre-se aqui!".

Caso você já tenha um blog no WordPress, poderá usar o *plug-in* SumoMe para criar um *pop-up* criativo e discreto que chame a atenção do seu público. Na imagem abaixo, você pode conferir o meu.

Se o leitor entender que seu texto gerou valor para ele, certamente irá se cadastrar para receber os próximos conteúdos.

Outra estratégia que funciona muito bem, embora já esteja um pouco manjada, é oferecer um infoproduto gratuito em troca do endereço de e-mail – um e-book ou alguma videoaula exclusiva, por exemplo. Essa tática pode dar muito certo desde que você entregue um conteúdo de qualidade. Já vi e-books por aí cujo título era algo como "X livros que você deveria ler". Bom, você deveria escrever um artigo sobre isso, não um e-book. Se você é mais visual do que textual, organizar um *webinar* é uma ótima opção: você entrega conteúdo em vídeo e, em troca, recebe o endereço de e-mail de quem assistir.

Uma nota aqui em LETRAS GARRAFAIS:

NUNCA, JAMAIS, EM HIPÓTESE ALGUMA, COMPRE UMA LISTA DE E-MAILS.

A caixa de entrada de uma pessoa é sagrada. Se você conseguiu a permissão desses caras para enviar mensagens de tempos em tempos, significa que eles gostam do que você tem a dizer. Quanto mais relevante for o seu conteúdo, maiores são as suas chances de fechar uma venda ou um contrato.

A entrega de conteúdos de valor, como podemos chamar essas mensagens segmentadas, permite que o seu público veja o nível de qualidade que pode esperar de você caso decida comprar seu produto ou contratar seus serviços no futuro. E isso é muito mais efetivo do que uma estratégia invasiva de marketing.

Equipamentos e ferramentas

Se você vai viajar o mundo carregando seu trabalho na mochila, compre um notebook decente. E se você trabalha com redes sociais, o mesmo vale para o seu celular. Enxergue esses gastos como investimentos. Afinal, bons equipamentos otimizarão seu tempo e provavelmente não te deixarão na mão.

Há várias ferramentas gratuitas na Internet com as mais variadas funções, mas se você quer ter um negócio profissional, terá que contratar serviços profissionais. Domínio próprio, hospedagem, serviço de e-mail marketing e VPN (alguns países, como Rússia e China, proíbem o acesso a determinados sites, incluindo o LinkedIn) são alguns dos investimentos que você deverá fazer neste início.

Aperfeiçoe suas habilidades e desenvolva novas

Uma das principais características dos nômades digitais que conheço é o autodidatismo. Eu, por exemplo, aprendi a desenvolver sites, estudei sobre o mercado de infoprodutos e marketing de afiliados, segui melhorando meu inglês e tive que me virar com a contabilidade do meu negócio como profissional independente.

Todo esse conjunto de habilidades me fez economizar uns bons trocados e ter controle total das minhas atividades. Além disso, o desenvolvimento dessa noção de mercado me abriu um leque maior de oportunidades para ganhar dinheiro online.

Invista em livros, cursos online e tente aprender uma coisa nova por mês. Você não irá se arrepender.

CAPÍTULO

05

CRIANDO CONEXÕES DE VALOR

Um homem que ousa desperdiçar uma hora de sua vida ainda não descobriu o valor da sua vida.

– Charles Darwin

 Aeroporto de El Calafate, Argentina. Dezembro de 2017.
FOTO: ARQUIVO PESSOAL.

bit.ly/nd_elcalafate

NO FINAL DE 2017, eu estava aguardando um voo para Buenos Aires no aeroporto de El Calafate, parte argentina da Patagônia, quando recebi uma mensagem no Instagram de Marcos Korody, designer de marcas e negócios.

Eu o seguia há algum tempo nas redes sociais, mas nunca havíamos nos falado. Marcos viu minhas fotos na trilha do monte Fitz Roy e pediu informações sobre a Patagônia. Ele se tornaria um nômade digital em alguns meses.

Nossos interesses em comum fizeram com que essa conexão no Instagram se transformasse em amizade. Em abril do ano seguinte, nos conhecemos pessoalmente em Nova York enquanto ele se preparava para uma reunião com o diretor de um dos hotéis mais tradicionais da ilha de Manhattan.

Depois de passar três meses viajando pela América do Sul e com suas reservas financeiras no limite, Marcos voou para os Estados Unidos por meio de milhas aéreas cedidas por seus pais e ficou alguns dias na casa de amigos no Brooklyn, em Nova York. Como as hospedagens na cidade têm um custo altíssimo, Marcos utilizou sua criatividade antes de chegar aos Estados Unidos para estender sua estadia ali sem depender da ajuda de amigos.

O designer mapeou trinta hotéis por meio do TripAdvisor e enviou um e-mail se apresentando, falando sobre seu trabalho e oferecendo seus serviços em troca de hospedagem. Das trinta mensagens enviadas, Marcos recebeu retorno positivo de dois hotéis: uma *guesthouse* com apartamentos incríveis e um hotel católico super tradicional criado em 1889.

O pessoal do hotel católico aceitou realizar uma reunião com um e-mail que dizia o seguinte: "Marcos, não estamos interessados no trabalho de nenhum viajante empreendedor brasileiro, mas você pode vir aqui amanhã para aproveitar o melhor café da manhã de Nova York e nos mostrar como poderia nos ajudar".

Quem enviou a mensagem foi o diretor executivo do hotel. A reunião foi bem-sucedida e eles convidaram Marcos para ficar hospedado por três semanas, que seria o período de execução do projeto. Ele prestou uma consultoria de marketing focada no posicionamento do hotel no mercado, gerou um relatório de melhorias conceituais, visuais e digitais e os ajudou com a estratégia de mídias sociais. Com essa conexão gerada através de um "tiro no escuro", além de ter uma ótima história para contar aos amigos, Marcos também conseguiu um belo *case* para apresentar a hotéis ao redor do mundo.

Meses depois, nos encontramos novamente na Itália. Minha esposa e eu o recebemos em Roma em nosso apartamento alugado pelo Airbnb. Da capital italiana, seguimos juntos de trem para Arezzo, na região da Toscana. Após algumas semanas trocando ideias sobre a vida na estrada, negócios e projetos futuros que poderíamos realizar juntos, Marcos seguiu seu caminho.

As redes sociais têm o poder de conectar pessoas que têm ideias parecidas, estão em momentos parecidos e/ou podem agregar conhecimento umas às outras. Marcos me ensinou que criar conexões de valor não significa, necessariamente, gerar negócios. Muitas vezes, essas relações criadas pelas redes sociais retornam em forma de amizade, gratidão, hospedagem, companhia, conversas e experiências compartilhadas. Para quem vive na estrada, longe da família e dos amigos, isso faz toda a diferença.

A teoria dos seis graus de separação na Era Digital

Cunhada pelo escritor húngaro Frigyes Karinthy e desenvolvida pelo dramaturgo irlandês John Guare, a "teoria dos seis graus de separação" diz que qualquer indivíduo está separado de outro por apenas seis indivíduos. Isto é, de acordo com a teoria, são necessários no máximo seis laços de amizade para que duas pessoas estejam ligadas.

As redes sociais, no entanto, encurtaram esses graus de separação. Um estudo lançado pelo Facebook em 2016[1] mostrou que essa medida caiu quase pela metade. De acordo com a pesquisa, baseada nos 1,59 bilhões de usuários da rede de Mark Zuckerberg, 3,57 graus separam você de qualquer pessoa no mundo.

---

[1] Disponível em: <https://research.fb.com/three-and-a-half-degrees-of-separation>. Acesso em: 15 out. 2018.

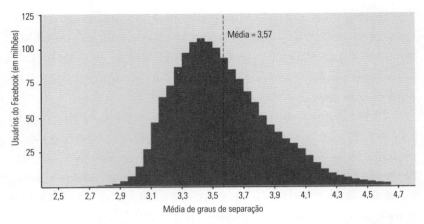

Estudo do Facebook mostra que a teoria dos seis graus de separação não faz mais sentido na Era Digital. (Foto: Reprodução/Facebook)

Ok, sabemos que muitas dessas conexões virtuais não significam muita coisa, já que algumas pessoas adicionam completos desconhecidos apenas para inflar suas redes. Porém, se você utilizar redes como o LinkedIn de forma inteligente, é possível obter um retorno maior do que o Marcos obteve em mensagens enviadas para estranhos.

O LinkedIn nunca lançou um estudo do tipo, mas eu estou há apenas dois graus de separação de Barack Obama. (Foto: Reprodução/LinkedIn)

Embora seja improvável que eu consiga criar uma conexão de valor com Barack Obama, o LinkedIn foi responsável por grande parte dos meus contatos profissionais no último ano. Me tornei amigo pessoal de diversos influenciadores da rede e fiz negócios com outros tantos.

O LinkedIn é uma rede que conecta profissionais e estimula o *networking* entre profissionais das mais diversas áreas. Para você ter uma ideia, já participei de ações com marcas como Google, Nubank, Caixa e PepsiCo graças ao *networking* gerado por lá por meio da minha produção de conteúdo. Esse tipo de coisa seria praticamente impossível décadas atrás para um profissional como eu, nascido no sul de Santa Catarina.

As redes sociais estreitaram os laços e romperam as fronteiras geográficas. Use-as com sabedoria e, quem sabe, em alguns meses você tomará um café com Barack Obama — juro que tentarei essa aproximação.

Como fazer *networking* nas redes sociais sem parecer um chato

Quando o assunto é *networking*, esqueça aquela bobagem de que "é mais fácil pe dir desculpa do que pedir licença". Sempre peça licença. Lembra do exemplo do "Você pode ler meu texto? Gostaria muito da sua opinião"? Então, se você não tem o mínimo de contato com o receptor dessa mensagem, não seja essa pessoa. Antes de pedir algo, entregue valor — ou pelo menos peça permissão para invadir o espaço alheio com seus links, apresentações ou ideias. *Networking* é muito mais sobre oferecer do que sobre receber.

Uma abordagem simples e efetiva nas redes sociais, principalmente no LinkedIn, é comentar as publicações das pessoas que você acha interessante ter por perto. Fulano publicou um novo artigo? Deixe um comentário. Beltrana gravou um vídeo? Deixe um comentário. E por "comentário" quero dizer algo elaborado, nada de "ótimo texto" ou "ótimo vídeo". Contribua com o assunto abordado para mostrar seu diferencial na caixa de comentários.

Minha rede de contatos no LinkedIn foi totalmente construída dessa forma – e um nômade digital precisa ter uma ótima rede de contatos. Costumo enviar mensagens privadas apenas para profissionais que, de alguma forma, já interagi na rede. Nunca peço nada no primeiro contato: geralmente envio um "parabéns" mais elaborado por algum conteúdo criado, ou mesmo uma mensagem de admiração. E isso não significa, necessariamente, que em seguida oferecerei um curso ou serviço para essa pessoa. Não. *Networking* não é isso. Me aproximo dessa forma de quem quero ter por perto. Você entenderá o porquê a seguir.

"Você é a média das cinco pessoas com quem passa mais tempo"

Este livro não seria a mesma coisa se meu caminho não tivesse cruzado com o das pessoas citadas durante os capítulos. Mais do que os depoimentos utilizados aqui, compartilhamos experiências, fizemos parcerias, nos divertimos e, acima de tudo, crescemos juntos. Dar e receber.

Quando Jim Rohn disse que somos a média das cinco pessoas com quem passamos mais tempo, redes sociais e aplicativos de mensagens instantâneas ainda não existiam. Fazendo uma reinterpretação dessa ideia, passar seu tempo com pessoas não significa, necessariamente, estar no mesmo ambiente físico do que elas. Você pode ter mentores e conselheiros virtuais e, mais do que isso, você não precisa ter um contato próximo com essas pessoas para aprender algo com elas.

Timothy Ferriss e Austin Kleon foram grandes influências no meu projeto de nomadismo digital; o primeiro na parte prática, o segundo na parte criativa. Mas nunca os conheci pessoalmente, tampouco conversei com eles via redes sociais ou aplicativos de mensagens instantâneas. Fui mentorado por meio de seus livros, vídeos, podcasts e newsletters. Foi assim que passei meu tempo com eles.

Uma interpretação errada da frase de Jim Rohn pode dar a entender que você deve se afastar de familiares e amigos por seus objetivos de vida não estarem alinhados. Isso está errado. Nômades digitais, principalmente aqueles que viajam sozinhos, precisam de um suporte emocional que livros, vídeos, podcasts e newsletters não oferecem.

Passe tempo de qualidade com seus familiares e amigos — seja pessoalmente ou pela tela de um smartphone — e saiba separar vida pessoal e profissional. Isso significa deixar para discutir seus objetivos e pedir conselhos principalmente para quem tem um *mindset* parecido com o seu. E sim, essa pessoa pode ser um familiar ou um amigo, mas também pode ser um desconhecido que você segue no Instagram (como foi o início da minha amizade com o Marcos, por exemplo). É nesse contexto que, hoje, a célebre frase de Jim Rohn faz sentido.

Não se limite ao virtual

Não é porque você é um nômade digital que deve se limitar ao mundo virtual. Participar de eventos é uma ótima maneira de se fazer presente, fazer *networking* e, de quebra, prospectar novos clientes. Aproveite sua liberdade geográfica para conhecer novas pessoas e fortalecer vínculos com quem você já conhece.

No final de 2018, após passar quatro meses ininterruptos no exterior, voltei ao Brasil por conta de alguns compromissos pessoais. Estava na praia de Jaguaruna, no litoral sul de Santa Catarina, quando Marcelo Nobrega, diretor de Recursos Humanos da Arcos Dourados e Top Voice do LinkedIn, me fez o convite abaixo.

 Marcelo Nobrega • 15:44
Get together em São Paulo
Olá, Matheus.

Aqui é o Marcelo do Mc!
Estará em São Paulo em outubro?
Eu e o Adriano Lima (ex-RH do DASA e Itaú) vamos promover um get together das pessoas de nosso relacionamento virtual no LinkedIn no Wework JK no dia 10/10 a partir das 19hs.

Será fantástico poder contar com a sua presença.
Aguardo seu RSVP.

Um abraço.

Matheus de Souza • 15:53
Oi, Marcelo!

Que surpresa boa receber sua mensagem por aqui! :)

Olha, eu não estaria. Moro em SC. Mas, acabo de comprar minha passagem para SP e estarei presente.

Até lá.

Um abraço!

Uma viagem a São Paulo não estava nos meus planos. Em cima da hora, então, falando especificamente sobre grana, não era uma opção. Isso porque passagens aéreas e hospedagens, como veremos no Capítulo 8, custam menos se você reservá-las com antecedência. Mas não é todo dia que um executivo de uma multinacional lhe aborda dessa maneira. Mais do que isso, o evento estaria repleto de pessoas que entrariam facilmente na tal média dos cinco de Jim Rohn.

Como você pode ver na minha resposta para o Marcelo, ir a São Paulo realmente não estava nos meus planos. Mas, após avaliar prós e contras, percebi que o dinheiro investido para viajar até a capital financeira do país poderia me trazer retorno em contatos e negócios. Dito e feito. Não apenas conheci pessoas fora da minha bolha como, entre uma cerveja e outra, fechei mentorias na área de produção de conteúdo.

Você não precisa esperar um convite assim cair do céu – isso dificilmente acontecerá. Em novembro de 2018, desembarquei em Lisboa durante o Web Summit, o maior evento de tecnologia, empreendedorismo e inovação da Europa. Os ingressos tinham esgotado há tempos, então não consegui participar. Mas eu sabia que milhares de profissionais do mundo todo, incluindo outros nômades digitais, estavam na cidade. Pessoas que eu queria por perto.

Utilizei o aplicativo Meetup para descobrir quais eventos para empreendedores aconteceriam em Lisboa naquele mês. Para a minha surpresa, um grupo de nômades digitais estava organizando uma festa gratuita de encerramento do Web Summit. Confirmei presença e, além de comer e beber de graça, fiz contatos importantes para projetos futuros na Europa.

Especialmente para nômades digitais, o Meetup é uma alternativa excelente para fortalecer o *networking* e conhecer pessoas com interesses em comum durante as viagens.

CAPÍTULO 06

O QUE VOCÊ PRECISA SABER SOBRE RENDA PASSIVA NA INTERNET

As pessoas não querem ser milionárias – querem usufruir do que acreditam que apenas milionários podem comprar. Chalés nas montanhas, mordomos e viagens exóticas frequentemente estão em questão. Que tal passar óleo de coco em sua barriga, deitado em uma rede, enquanto ouve as ondas baterem ritmadamente contra o deque do seu bangalô com teto de sapê? Parece bom. Um milhão de dólares no banco não é a fantasia. A fantasia é a vida de liberdade total que isso supostamente garante. A questão, então, é como alguém pode viver como um milionário, com liberdade total, sem primeiro ter um milhão de dólares?

– Timothy Ferriss,
Trabalhe 4 horas por semana

VOCÊ JÁ OUVIU falar em infoproduto? Em agosto de 2017, lancei um curso online chamado Marketing Pessoal e Produção de Conteúdo no LinkedIn.[1] Um ano após o lançamento, meu faturamento anual apenas com este infoproduto já se aproximava dos seis dígitos. Desse montante, R$ 10.642,50 foram faturados em uma manhã que envolveu cervejas e cochilos na beira de uma piscina de borda infinita no *rooftop* de um hotel cinco estrelas de Bangkok, capital da Tailândia.

 Relaxando no AVANI Riverside Bangkok Hotel enquanto minha conta bancária ficava mais gorda.
FOTO: ARQUIVO PESSOAL.

bit.ly/nd_bangkok

---

[1] Disponível em: <http://cursos.matheusdesouza.com>.

Como um nômade digital sem grandes posses foi parar em um hotel cinco estrelas na capital da Tailândia? Você entenderá no Capítulo 8 deste livro. O que quero te mostrar agora é que aquele velho papo de ganhar dinheiro dormindo definitivamente não é caça-clique.

Criar infoprodutos é a forma mais fácil de conseguir uma renda recorrente capaz de manter seu estilo de vida como nômade digital. E isso não é uma opinião: é algo que testei e comprovei na prática. Infoprodutos, caso você não tenha familiaridade com o termo, são produtos digitais – cursos online, e-books, serviços por assinatura e qualquer coisa que possa ser vendida pela Internet sem precisar de uma loja física ou de um estoque. Importante não confundir infoprodutos com e-commerce.

Talvez você esteja lendo este livro agora em um leitor digital, como um Kindle. Se você o obteve de forma legal, eu ganhei um trocado. Se você o obteve através de meios ilícitos (sim, falo de pirataria), estou um pouco puto. Mas segue o jogo.

O ponto é que um livro, por exemplo, é um trabalho feito apenas uma vez e que pode lhe render frutos ao longo dos anos. Um curso online, no entanto, por ter um ticket médio mais alto, pode pagar suas contas todos os meses. Um serviço por assinatura dependerá, obviamente, do seu volume de vendas, mas também pode ser uma opção interessante de renda. O que esses infoprodutos têm em comum é que todos podem ser produzidos e gerenciados de forma remota. Ganhar dinheiro dormindo, no final das contas, não é algo impossível.

Criando seu infoproduto

Criar um infoproduto é mais fácil do que você imagina. Existem diversas plataformas de autopublicação. No Brasil, quando falamos sobre infoprodutos, a Hotmart domina o mercado. Por meio dessa plataforma, você pode lançar cursos online, e-books, *webinars* e muitos outros produtos digitais.

Outra opção bacana para quem pretende lançar um produto digital no formato de texto em sua área de atuação é se autopublicar na Amazon. A empresa de Jeff Bezos domina o mercado de e-books, e a autopublicação pode ser uma escolha interessante para quem pretende construir uma audiência fora das próprias redes. Além disso, ter um livro publicado é o novo cartão de visitas do século XXI.

No caso dos serviços por assinatura, embora a Hotmart também ofereça essa opção, o ideal é que você tenha sua própria plataforma e seu próprio processo. Isso vai te custar um bom investimento inicial, mas, nos casos em que clientes assinam um serviço, ter controle total sobre o que você oferece significa evitar dores de cabeça futuras.

Independentemente do tipo de infoproduto que você escolher lançar, lembre-se de estruturar uma estratégia de marketing de conteúdo para comercializá-lo. Para isso, é importante entender qual é a sua *persona* e em quais canais ela é mais ativa – Instagram, LinkedIn, etc. Sua produção de conteúdo online será responsável pelas suas vendas. Isso significa que você deverá oferecer conteúdos gratuitos e educativos sobre a sua área para atrair potenciais compradores.

* * *

23 de novembro de 2017	BANGKOK, TAILÂNDIA

Na Tailândia, uma das coisas mais incríveis para nômades digitais brasileiros é o fuso horário. Fora do horário de verão tupiniquim, quem vive e trabalha em território tailandês está dez horas no futuro em relação ao Brasil.

Enquanto os brasileiros dormem na virada de quarta para quinta-feira, estou de pé às 8 da manhã vestindo um roupão desses que apenas ricaços usam e admirando a vista para o rio Chao Phraya. É véspera de Black Friday e decido oferecer meu curso online de Marketing Pessoal e Produção de Conteúdo no LinkedIn por metade do preço durante as 24 horas de sexta-feira. Eu precisava de dinheiro para bancar as cervejas e drinks na beira da piscina de borda infinita no *rooftop* do hotel cinco estrelas em Bangkok.

Pouco antes do meio-dia de quinta-feira na Tailândia, já tenho tudo pronto para a Black Friday do Brasil no dia seguinte: página de vendas da promoção na Hotmart, publicações para as redes sociais e um e-mail agendado para os meus *leads*. Com o trabalho adiantado e os brasileiros dormindo, só me resta aproveitar a capital tailandesa.

Entre visitas a templos budistas e degustações de insetos peçonhentos, penso no que pode dar errado. E se meus alunos, que pagaram o dobro, reclamassem da promoção? E se isso desvalorizasse meu trabalho? Essa insegurança quase me freou. Felizmente, fui adiante.

De volta ao hotel, preparo o terreno para a Black Friday e afino os últimos detalhes. A preparação para o lançamento – ou relançamento, como foi o caso – de um infoproduto é importantíssima. Você não pode deixar margem para dúvidas: deve prever o que pode dar errado e o tipo de perguntas que pode receber da sua audiência.

Por conta do fuso horário, eu sabia que, no meu caso, os ganhos seriam provenientes de uma "Black Saturday". Ou seja, as pessoas se inscreveriam no meu curso durante a noite de sexta no Brasil – madrugada de sábado na Tailândia.

Quando acordo na manhã de sábado tailandesa, por volta das 9h, meu velho iPhone 5s está travado e superaquecido devido à imensa quantidade de notificações. Acesso a caixa de entrada do meu e-mail pelo MacBook e entendo o que aconteceu. Assim como diz um dos caça-cliques mais famosos da Internet, eu literalmente ganhei dinheiro enquanto dormia. Muito dinheiro para um sono de pouco mais de 8 horas. R$ 10.642,50, para ser exato. Tudo porque superei minhas inseguranças – primeiro, em lançar o curso; segundo, em fazer a promoção.

O dia em que meu velho celular não parou de vibrar.

Para você ter uma ideia do que esses R$ 10.642,50 significavam para mim naquele momento, eu precisaria trabalhar aproximadamente 7 meses no meu antigo trabalho, como CLT, para conseguir esse montante. Ok, a criação do curso online levou uma semana e a construção da minha autoridade digital uns dois anos, mas ver tanto dinheiro entrando na minha conta bancária em um espaço de tempo tão curto foi surreal.

O que aconteceu com os alunos que haviam comprado o curso antes da promoção? Eles mostraram que o preço nunca foi um problema. Desde o início estavam interessados no valor – e valor é diferente de preço, pequeno gafanhoto. Na minha publicação no LinkedIn, os primeiros comentários eram depoimentos de alunos indicando o curso para os indecisos. Um tapa na cara da minha insegurança e a prova social perfeita para quem estava em dúvida sobre se inscrever ou não.

> Mostro o saldo da promoção à minha esposa e, entre abraços e pulinhos de comemoração, anuncio que naquele sábado, pelo menos, viveríamos como milionários na beira da piscina de borda infinita no *rooftop* do hotel cinco estrelas em Bangkok. As cervejas e os drinks são por minha conta.

Ganhe dinheiro com o seu conhecimento

Quando comecei a escrever sobre minhas experiências profissionais na Internet, eu não havia imaginado que hoje teria um curso online com quase 400 alunos[2] espalhados pela comunidade lusófona – além dos brasileiros, também tenho alunos portugueses, angolanos e moçambicanos – e uma renda passiva maior do que meu último salário como CLT.

Conforme os textos foram alcançando mais pessoas, convites até então distantes da minha realidade começaram a surgir – para ministrar cursos presenciais, workshops, consultorias, palestras, etc. Mas, embora essas oportunidades fossem financeiramente interessantes, elas não estavam de acordo com os dois principais valores do estilo de vida e de trabalho que eu estava desenhando para mim. Eu queria me tornar um nômade digital, e isso requer flexibilidade geográfica e liberdade.

Para que meu plano desse certo (e deu), eu precisava criar serviços ou produtos que pudessem ser oferecidos online. Percebi então que eu recebia muitas mensagens com dúvidas específicas sobre produção de conteúdo no LinkedIn. Naquela altura, dois anos depois do meu primeiro texto ter sido publicado e já com mais de 100 artigos escritos, eu já era visto como autoridade pelos leitores e até saí numa lista, feita pelo próprio LinkedIn, com os produtores de conteúdo mais influentes da rede.[3]

---

[2] Dados de novembro de 2018.

[3] Dados da pesquisa Top Voices – Os brasileiros que mais se destacaram no LinkedIn em 2016. Disponível em: <https://www.linkedin.com/pulse/top-voices-os-brasileiros-que-se-destacaram-linkedin-em-odri>.

Foi aí que a ficha caiu: meu conhecimento específico era produzir conteúdos no LinkedIn com o objetivo de criar novas oportunidades. E foi daí que surgiu o curso online de Marketing Pessoal e Produção de Conteúdo no LinkedIn, uma forma de eu oferecer um infoproduto dentro das demandas que identifiquei sem perder a flexibilidade geográfica e a liberdade para viver como nômade digital.

Ok, agora você deve estar se perguntando como aplicar isso na sua área, não é? Pois saiba que todo mundo tem algo para ensinar.

Lembra que, lá no Capítulo 2, eu fiz dois questionamentos direcionados ao leitor e falei que retomaríamos o assunto mais adiante? Chegou a hora de responder as seguintes perguntas:

1. Que tipo de conhecimento você tem que pode ser útil para as pessoas?
2. Esse conhecimento pode ser transformado em curso?

Minha dica para identificar isso é gerar conteúdos de valor sobre temas que você domina em um blog ou nas redes sociais. Com o tempo, por meio dos comentários do seu público, você certamente identificará demandas interessantes.

Utilize o Google Forms para entender as necessidades desse público e siga produzindo conteúdos. Quando sentir que conquistou uma audiência, planeje e desenvolva o seu curso online. Você pode ajudar um número maior de pessoas com o seu conhecimento – e obter uma renda com isso.

A primeira oportunidade que identifiquei a partir da produção dos meus conteúdos foi a prestação de consultoria online. Fiz alguns testes e atendi uns poucos clientes, mas logo percebi uma coisa: eu precisaria atender muitos profissionais para obter uma boa renda, ou subir o valor da minha hora de trabalho – o que não quer dizer, necessariamente, que os possíveis clientes aceitariam pagar. Isso significaria trabalhar dobrado e ficar cada vez mais longe da tão sonhada liberdade.

Percebi, então, que eu precisava de um produto digital, e não de um serviço. Esse era um modo inteligente de obter uma renda que viesse da internet: eu trabalharia bem menos e poderia ganhar muito mais. Como consequência, ainda atingiria um número muito maior de pessoas com o meu conhecimento – o que aumentaria o boca a boca do produto digital (nesse caso, o curso online).

A principal vantagem de criar um curso online, na minha opinião, diz respeito ao tempo dedicado ao trabalho. Ao transformar o seu conhecimento em um infoproduto, você trabalhará apenas uma vez, o que não acontece com cursos presenciais ou palestras.

Meu curso online de Marketing Pessoal e Produção de Conteúdo no LinkedIn tem quase 5 horas de videoaulas. Entre planejamento, gravações e edição (fiz tudo sozinho), foram 20 horas de trabalho divididas em uma semana.

Com o curso no ar, meu único trabalho é continuar fazendo o que já faço: produzir conteúdos nas minhas redes sociais. Não preciso me deslocar para lugar nenhum, tenho liberdade geográfica e não preciso apresentar meu curso todas as semanas, nem correr contra o tempo para fechar turmas. Meu trabalho criado em 20 horas está disponível online 24 horas por dia, 7 dias por semana, mesmo quando estou bebendo cerveja na beira de uma piscina com borda infinita no *rooftop* de um hotel cinco estrelas em Bangkok.

O investimento financeiro para lançar o curso, no meu caso, foi mínimo. Se você pretende fazer tudo por conta própria, precisará de:

- 1 câmera
- 1 microfone de lapela
- 1 computador com software de edição de vídeo
- 1 plataforma para cursos online

Eu utilizei os seguintes equipamentos e ferramentas para a criação do meu curso online:

- Câmera Canon EOS 6D Mark II (da minha esposa)
- Microfone Vivitar (emprestado)
- MacBook Air 13' e iMovie (investimento que fiz quando comecei a trabalhar como freelancer)

⬎ Hotmart (plataforma para cursos online que só te cobra algo quando você vende um curso: 9,90% + R$ 1,00 para vendas acima de R$ 10,00)[4]

Lembrando que, como o trabalho será realizado apenas uma vez, você pode tentar conseguir emprestado equipamentos como a câmera e o microfone. Ganhar dinheiro enquanto dorme, no final das contas, não é caça-clique.

Ganhe dinheiro com o conhecimento e/ou os produtos dos outros através do marketing de afiliados

Ganhar dinheiro com o seu conhecimento pode ser um caminho, mas que tal ganhar dinheiro com o conhecimento e/ou produtos dos outros? Não entendeu nada? Bom, eu te explico.

Antes de criar meu curso online e escrever este livro, eu foquei parte dos meus esforços em vender produtos de terceiros, digitais ou não, e receber pequenas comissões por isso. Essa modalidade de venda é conhecida na Internet como marketing de afiliados.

Em poucas palavras, você pode se cadastrar em uma plataforma – como a Hotmart – e identificar produtos que se adequam ao tipo de audiência que está construindo. Como eu queria construir uma autoridade digital dentro da área de marketing, pesquisei cursos e ferramentas que pudessem ser úteis para esse público e me afiliei a eles.

De posse dos meus links de afiliados, o próximo passo foi criar conteúdos em que eu pudesse inseri-los de uma forma que não parecesse uma publicidade chata. Marketing de conteúdo, lembra?

Para divulgar meus links de afiliados com livros da Amazon, por exemplo, escrevi artigos como "15 livros para mudar sua vida" e "10 autores nacionais que você deveria conhecer". Ah, e não se esqueça de avisar sua audiência que, em caso de compra através dos

---

[4] Valores de novembro de 2018.

links presentes no seu artigo, você ganhará uma pequena comissão. Além de a publicidade velada ser proibida no Brasil, você receberá pontos por sua transparência.

Este é o aviso que utilizo ao final dos meus artigos no LinkedIn que contém links de afiliados:

> *Transparência: este artigo contém links de parceiros afiliados. Ou seja, caso você compre um produto ou contrate um serviço através destes links, ganharei uma comissão dos parceiros indicados. É uma relação ganha-ganha entre a empresa parceira, que atinge mais pessoas; o produtor de conteúdo, que continua compartilhando seus artigos sem cobrar nada por isso; e você, que continua tendo acesso a um conteúdo gratuito e de qualidade.*

Ao educar meu público sobre o que são "links de parceiros afiliados", ganho a confiança do leitor, que passa a valorizar ainda mais o meu trabalho. Isso também mostra para a audiência que os conteúdos gratuitos compartilhados por mim só existem por causa dessa parceria entre empresa-produtor-leitor.

Há outro aviso do tipo que utilizo no meu blog. Como costumo compartilhar listas de livros com links da Amazon, fixei o seguinte texto no rodapé de todas as páginas:

> *Transparência: o site matheusdesouza.com faz parte do Programa de Associados da Amazon.com.br, iniciativa que permite que sites monetizem seus conteúdos através de links comissionados.*

Mais do que uma proteção legal, esse simples aviso informativo mostra que não estou tentando passar a perna em ninguém. Ser transparente na Internet, mais do que ético, é uma questão de sobrevivência no longo prazo. Atalhos podem te ajudar a chegar ao topo rapidamente, mas somente a consistência e a honestidade vão te manter por lá. Esse conselho vale para absolutamente tudo que você fizer na vida.

Plataformas para se afiliar e divulgar produtos ou serviços de terceiros

Veja abaixo uma lista, em ordem alfabética, das principais plataformas e sites onde você pode se afiliar para ganhar comissões com produtos ou serviços vendidos:

PLATAFORMA	SITE
ACTIONPAY	www.actionpay.net
AMAZON	associados.amazon.com.br
AWIN	www.awin.com
EBAY	www.partnernetwork.ebay.com
EDUZZ	www.eduzz.com
GOOGLE ADSENSE	www.google.com/adsense/
HOSTGATOR	www.hostgator.com.br/programa-de-afiliados
HOSTINGER	www.hostinger.pt/programa-de-afiliados
HOTMART	www.hotmart.com
KINGHOST	www.king.host/programa-de-afiliados
LOMADEE	www.lomadee.com
SARAIVA	www.saraiva.com.br/institucional/programa-de-afiliados
SECURE	secure.afiliados.com.br
UDEMY	www.udemy.com/affiliate
UOL AFILIADOS	www.afiliados.uol.com.br

Dá para viver apenas com marketing de afiliados?

Serei sincero, e talvez isso não seja exatamente o que você quer ler. Eu tenho uma audiência gigantesca no LinkedIn e utilizo estratégias de marketing de afiliados para pagar os custos mensais do meu negócio e do meu blog. Isso é ótimo e me ajuda bastante, mas eu não conseguiria ter um estilo de vida nômade vivendo apenas com esses ganhos.

No mês em que mais ganhei dinheiro como afiliado até hoje, vendi exatos R$ 1.306,26 na Amazon e R$ 1.432,00 na Hotmart – R$ 2.738,26 no total. O problema é que esse montante está longe de ser algo recorrente. Abrindo meus ganhos para você, costumo receber em média R$ 500,00 por mês com vendas de produtos de terceiros.

Por outro lado, há, sim, um grupo de pessoas que vive exclusivamente de marketing de afiliados. O grande ponto aqui é que essas pessoas estão há bastante tempo no mercado e colocaram todo seu foco nisso. Ou seja, seu sucesso como afiliado dependerá dos seus objetivos. Você quer viver apenas disso? Ok. Estude muito o mercado, faça testes e, mais uma vez, tenha consistência.

Se você quer apenas uma renda extra, faça como eu e invista em conteúdos esporádicos para divulgar seus links de afiliados. Assim, você não cansará sua audiência e ainda poderá focar em outras formas de ganhar dinheiro.

Aprenda a gerenciar e investir o seu dinheiro

Depois de sete anos trabalhando na mesma empresa, o paranaense Fernando Kanarski, consultor de marketing digital focado em performance, percebeu que adorava o trabalho que fazia, mas não o ambiente corrido das agências de publicidade, nem a ideia de trabalhar das 9h às 18h – ou, no seu caso, muitas vezes das 9h às 21h (ou até 23h).

O volume de trabalho estava acabando com a sua saúde mental, física e social. Fernando conta que chegou ao ponto de não ter vontade alguma de ir ao trabalho por semanas, de ficar altamente irritado e de perder o contato com praticamente todos os amigos.

Em 2015, depois de tirar férias não remuneradas para um período sabático de cem dias na Nova Zelândia, voltou ao Brasil com outra cabeça e uma vontade de trabalhar como antes. Nesse tempo, tomou a decisão de sair de vez da empresa onde trabalhava. Mas o que fazer?

Fernando tinha basicamente duas opções: 1) mudar de empresa e trabalhar com a mesma coisa; 2) chutar o balde e continuar trabalhando com o que gostava, mas de casa.

Ele escolheu a segunda opção. Através da sua rede de contatos e amigos, conseguiu seus primeiros clientes como consultor e, durante seu período de transição, ouviu falar pela primeira vez sobre nomadismo digital. Como sempre gostou muito de viajar, passou a considerar o estilo nômade como uma opção para um ou dois anos depois de se demitir. Para a sua surpresa, logo nos primeiros meses trabalhando de casa sua renda já era três vezes superior ao período em que trabalhou como assalariado.

Quando *largou tudo* para virar nômade, Fernando leu muito sobre ter "dinheiro de segurança" caso tudo desse errado. Então, assim que começou sua carreira solo, abriu uma empresa no Brasil, guardou o "dinheiro de segurança" e passou a gerenciar as viagens e a vida com o dinheiro que entrava por meio dos novos trabalhos.

Logo no começo, o dinheiro que entrava era maior do que precisava, então decidiu aprender sobre investimentos para tentar multiplicar seu patrimônio e garantir uma segurança futura. Isso acabou se tornando um hobbie e uma garantia de que poderia estender sua vida nômade por muito mais tempo.

Hoje, seu "dinheiro de segurança", que era para seis meses, pode lhe sustentar por ao menos dois anos caso ele mantenha o ritmo atual, ou por quatro anos levando uma vida mais tranquila.

Para nômades digitais brasileiros, a primeira dica de Fernando sobre investimentos é: o Brasil é um bom lugar para multiplicar dinheiro. Existem diversas formas de investimento nas quais é possível lucrar de 6% a 7% ao ano com segurança. Já em investimentos mais agressivos e de maior risco, é possível chegar a mais de 40% de ganho anual (ele aumentou seu patrimônio em mais de 90% em 2017).

Sua sugestão é começar a estudar e investir o quanto antes, pois quanto mais jovens somos, mais riscos podemos correr – afinal, você terá mais tempo de vida para se recuperar caso algo dê errado.

Estudar e começar a investir antes de chutar o balde pode ser uma garantia da extensão da vida nômade por muito mais tempo. Você só deve largar a carreira e seguir uma vida de viagens se tiver, no mínimo, seis meses de renda guardada – renda esta que não deve ser utilizada nas viagens, mas sim como um fundo de reserva.

Infelizmente sabemos que imprevistos acontecem, e ter que encerrar seus planos de nomadismo digital de forma precoce por falta de dinheiro para uma emergência seria algo frustrante. Hoje, existem dezenas de *fintechs* e corretoras de valores que transformaram o ato de investir em algo bem menos burocrático – tão simples quanto baixar e utilizar um aplicativo.

Na verdade, muitas dessas empresas estão tentando universalizar o acesso a investimentos, e isso só deve melhorar nos próximos anos. No Brasil, Monetus e Warren são grandes exemplos de start-ups de investimento descomplicadas. Já Nubank e Banco Inter são *fintechs* que te ajudam a poupar mais, além de fazerem seu dinheiro render mais do que a poupança.

Corretoras tradicionais também têm se tornado cada vez mais descomplicadas e fáceis de usar. XP Investimentos, Modal Mais e Rico são as mais famosas. Ao entrar em uma corretora ou *fintech* de investimento, a primeira coisa a se fazer logo no cadastro é descobrir seu perfil de investimento. Isso é importante para que os corretores saibam o nível de risco que você está disposto a correr. Baseado nisso, serão oferecidos produtos específicos para o seu perfil.

Uma dica importante, segundo Fernando Kanarski, é diversificar. Tratando-se de investimentos, jamais se coloca todos os ovos em uma cesta só. É importante não só diversificar o investimento em renda fixa (tesouro direto, CDB, LCI, LCA, LC), mas também apostar um pouco nos de risco, que podem gerar mais retorno (bolsa de valores, fundos de investimento imobiliário e até criptomoedas).

O importante é investir e procurar produtos e opções que rendam mais que a poupança. Existem diversos livros e canais do YouTube que têm dicas incríveis sobre investimento. Este conhecimento, somado ao dinheiro que deve entrar todo mês e que poderá ser investido, fará a independência financeira ficar cada vez mais próxima – sonho de todo nômade digital.

Os primeiros anos de nomadismo digital geralmente são menos glamorosos, mais trabalhosos e menos rentáveis. Por isso, é importante conseguir o máximo possível de capital antes de começar e achar formas de obter renda passiva além de investimentos. Isso certamente garantirá mais segurança e facilidade para manter a vida nômade no longo prazo sem precisar trabalhar tanto. E com mais dinheiro em caixa, você pode até testar novos modelos de empreendimento.

Para incrementar esse capital mais rapidamente, é possível escolher modelos de trabalho que gerem renda passiva – como escrever um livro, criar um infoproduto, lançar um curso online ou estruturar um e-commerce. Em geral, empreender nesses modelos pode não ser rentável logo no início ou no primeiro projeto, mas todo nômade digital persegue esse tipo de renda para aproveitar melhor seus destinos com dinheiro entrando organicamente. Portanto, vale ir testando e empreendendo nas diversas possibilidades para encontrar o modelo mais prático e rentável.

Uma última dica do Fernando para quando você estiver fora do país: é possível reduzir alguns impostos e tentar fazer o dinheiro valer mais. Por exemplo: muitos nômades digitais utilizam cartões de crédito de empresas estrangeiras, como o Revolut e o N26. Você pode transferir remessas de dinheiro para esses cartões pagando IOF menor, escapando, assim, dos 6% + taxas absurdas de câmbio praticadas pelos bancos nacionais. Algumas pessoas, segundo ele, também optam por abrir empresas e contas em paraísos fiscais como Panamá, Hong Kong e Singapura. Essa também é uma forma completamente legal de receber dinheiro de clientes de fora do Brasil mais facilmente e pagando menos impostos.

CAPÍTULO
07

CONTABILIDADE: FIQUE LIGADO NOS IMPOSTOS

Eu não conhecia ninguém a quem recorrer para pedir conselhos sobre negócios e, por causa disso, as pessoas me perguntam o tempo todo como eu consegui. Bem, eu consegui fazendo o que penso ser uma das melhores estratégias para aprender qualquer coisa em qualquer lugar: Google. Existe todo um vasto mundo de ensino gratuito à disposição de quem quiser aproveitar.

– Sophia Amoruso,
GirlBoss

UM DOS GRANDES DILEMAS dos nômades digitais é como e onde pagar seus impostos. Como fica o imposto de renda? Que tipo de empresa devo abrir? E se eu conseguir clientes do exterior, emito notas fiscais no Brasil ou lá fora?

Quando me demiti para trabalhar como freelancer de forma remota, esses questionamentos também me fizeram trocar algumas horas de sono por horas de pesquisas no Google.

O cenário ideal é procurar um contador, mas caso você não tenha grana para isso, não se preocupe. Como mostrarei logo adiante, com um pouquinho de organização e disciplina você pode criar e gerenciar seu próprio Cadastro Nacional de Pessoa Jurídica (CNPJ) sem a necessidade de contratar um contador – dependendo do seu faturamento anual.

Como e que tipo de empresa abrir

Tenha em mente o seguinte: juridicamente falando, não existe uma classificação específica para a profissão "freelancer", muito menos para a de "nômade digital". Ao criar seu CNPJ, você deve levar em conta o tipo de atividade que exerce. Mais do que isso, entre os diferentes tipos de categorias de trabalho (conhecidas como CNAEs), você deve encontrar aquela(s) que mais se assemelha(m) ao que faz.

Se você é um redator freelancer e decidiu se cadastrar como Microempreendedor Individual (MEI), por exemplo, pode fazer seu registro em quatro categorias que se equiparam à profissão:

- Editor(a) de jornais não diários (incluído pela Resolução CGSN n° 117/2014) 5812-3/02
- Editor(a) de lista de dados e de outras informações 5819-1/00
- Editor(a) de livros 5811-5/00
- Editor(a) de revistas 5813-1/00

O exemplo acima mostra que o cadastro do seu CNPJ não precisa, necessariamente, ser criado de forma literal, já que dificilmente sua profissão estará precisamente classificada. Portanto, procure as atividades que mais se assemelham ao seu trabalho na hora de abrir sua empresa.

Para entender melhor os diferentes tipos de CNPJ, conversei com Mari Salles, fundadora da Love Accounting e contadora especialista em criativos que tem pequenos negócios.

Após trabalhar anos no escritório de contabilidade da sua família, Mari deixou de ver sentido nos moldes tradicionais de trabalho. Fez um curso de empreendedorismo criativo e logo percebeu que o que fazia sentido para ela era atender pessoas que não têm negócios tradicionais.

Hoje, na Love Accounting, trabalhando a maior parte do tempo de forma remota, ela atende diversos nômades digitais e me garantiu que a dúvida sobre que tipo de empresa abrir é recorrente entre a galera que trabalha e viaja o mundo ao mesmo tempo.

Microempreendedor Individual (MEI)

O MEI é o queridinho dos nômades digitais de primeira viagem. Esse tipo de CNPJ não tem sócio, ou seja, é vinculado a uma única pessoa. Quem já tentou abrir uma empresa no Brasil sabe como é a burocracia para tal. O registro do MEI, no entanto, é feito online e seu CNPJ sai na hora.

O recomendado, no entanto, é que você faça seu cadastro antes de começar a viajar por aí. Dependendo da sua área de atuação e da legislação municipal da sua cidade, talvez você precise ir uma ou duas vezes na prefeitura para conseguir seu alvará de funcionamento e a permissão para emitir notas fiscais online.

Embora não seja obrigatório para os MEIs, você terá a possibilidade de emitir notas fiscais, seja para controle pessoal ou caso algum cliente peça – e, na maioria das vezes, eles pedem.

O MEI parte do princípio do lucro presumido, isto é, você pode abrir seu CNPJ dentro dessa categoria se a sua previsão de faturamento é de até R$ 81.000,00 (uma média de R$ 6.750,00 mensais)[1] entre janeiro e dezembro.

Segundo a Mari, o MEI é a opção mais indicada para quem está iniciando uma carreira como freelancer, especialmente pelo fato de ser a menor tributação que existe no país. Você pagará em média R$ 50,00 por mês (dependendo do tipo de atividade que exercerá), e este valor será destinado diretamente à Previdência Social.

Mas e se a sua prestação de serviços e/ou suas vendas de infoprodutos bombar(em) e você estourar o limite dos R$ 81.000,00? Nesse caso, você pagará uma multa proporcional caso o faturamento não tenha ultrapassado R$ 97.200,00[2] (menor que 20% de R$ 97.200,00) e seguirá como MEI. Porém, caso ultrapasse este valor, além da multa, a partir de janeiro do ano seguinte você passará à condição de Empresário Individual (EI). Um tipo bom de problema – afinal, pagar mais impostos significa que você está ganhando mais dinheiro.

Em linhas gerais, o MEI dá a você a oportunidade de regularizar seu trabalho e pagar seus impostos sem dores de cabeça.

---

[1] Dados de novembro de 2018. Disponível em: <http://www.portaldoempreendedor.gov.br/duvidas-frequentes/o-microempreendedor-individual-mei/4-qual-o-faturamento-anual-do-microempreendedor-individual>.

[2] Disponível em: <http://www.portaldoempreendedor.gov.br/duvidas-frequentes/12-quero-crescer-nao-sou-mais-mei-e-agora/12.1-o-que-ocorre-com-a-pessoa-que-estiver-enquadrada-na-lei-do-mei-e-estourar-o-faturamento-de-60-mil-anual>. Acesso em: 15 out. 2018.

Outro ponto interessante é que, diferentemente dos outros tipos de CNPJ, o MEI não precisa de contador. Caso tenha disciplina e seja organizado o suficiente para gerir seus negócios sem o auxílio de um profissional, você conseguirá economizar uma graninha.

No site oficial do MEI, o Portal do Empreendedor, você encontra as respostas para todas as perguntas frequentes sobre o tema,[3] bem como o passo a passo para a criação do seu CNPJ de forma online.

Empresário Individual (EI)

Tive um chefe que todo final de ano reclamava do valor que precisava pagar de Imposto de Renda (IR). Eu brincava com ele que um dia também gostaria de ter a oportunidade de pagar o IR, visto que meus rendimentos na época não ultrapassavam o teto mínimo de quem precisa declarar seus ganhos.

Meu ponto é que, independentemente de ser justo ou não, de o dinheiro dos nossos impostos ser utilizado de forma correta ou não, pagar mais tributos significa que você está ganhando mais dinheiro – e isso, no final das contas, deve ser celebrado.

Se você estourou o limite do faturamento do MEI, não se desespere. Pelo contrário: celebre! E entre em contato com um contador.

Diferentemente do MEI, para abrir um CNPJ como EI, Empresa Individual de Responsabilidade Limitada (EIRELI) ou Sociedade Limitada (LTDA), você precisará, obrigatoriamente, contratar os serviços de um contador. Uma grande vantagem disso é: você poderá focar exclusivamente no seu trabalho enquanto este profissional cuida de toda a burocracia dos seus negócios.

As regras para se tornar um EI são bem simples. Assim como acontece no MEI, e como o próprio nome sugere, este é um CNPJ individual. Ou seja, você não poderá ter sócios. O limite

---

[3] Para mais informações, ver: <http://www.portaldoempreendedor.gov.br/duvidas-frequentes>. Acesso em: 15 out. 2018.

de faturamento passa a ser de R$ 3.6 milhões por ano – celebre muito caso o ultrapasse! O imposto mais baixo na emissão de notas fiscais começa em 6% (dentro do Simples Nacional), que é para quem fatura até R$ 180 mil por ano, dependendo da categoria, e a tributação segue uma tabela de faturamento. A única exigência financeira na abertura desse tipo de CNPJ é ter um capital social de, no mínimo, R$ 1.000,00.

Porém, nem todo mundo pode ser EI. De acordo com o Artigo 966 do Código Civil[4] e o 150 do Regulamento do Imposto de Renda,[5] "a prestação de serviços de profissão regulamentada não pode ser constituída como Empresário Individual". Isto é, se a sua profissão é regulamentada, seja você arquiteto, engenheiro ou advogado, por exemplo, deve abrir um EIRELI ou uma empresa LTDA.

Vale salientar também que o EI tem a pessoa física como titular da empresa, o que significa dizer que o patrimônio pessoal do empresário será comprometido em caso de endividamento – casa, carro, terreno, etc.

Empresa Individual de Responsabilidade Limitada (EIRELI)

A grande – e única – diferença entre EI e EIRELI é a responsabilidade do empresário em relação à empresa. Diferentemente do EI, com o EIRELI o empresário titular não responderá com seus bens pessoais pelas dívidas da empresa. Isso significa que, em caso de dívidas, o valor integralizado como capital social será utilizado, protegendo assim os seus bens pessoais.

Por outro lado, o capital social para a abertura da empresa é (bem) mais alto: cem vezes o valor do salário mínimo vigente. Em 2018, isso equivalia a R$ 95.400,00.

---

[4] Disponível em: <http://www.planalto.gov/ccivil_03/leis/2002/L10406. htm>. Acesso em: 15 out. 2018.

[5] Disponível em: <http://www.planalto.gov/ccivil_03/decreto/D3000.htm>. Acesso em: 15 out. 2018.

Sociedade Limitada (LTDA)

MEI, EI e EIRELI não podem ter sócios. Portanto, caso você opte por abrir um CNPJ com um ou mais sócios, uma empresa LTDA é a mais indicada. Esse tipo de sociedade, aliás, é a mais comum no Brasil.

Assim como o EIRELI, a responsabilidade jurídica é limitada, então o patrimônio jurídico dos sócios está protegido caso vocês se endividem.

Aliás, aqui vale um conselho extra: tome muito cuidado ao se tornar sócio de alguém. Um passo mal dado nos negócios pode acabar não só com a sociedade, mas com a amizade ou o relacionamento entre os sócios.

Devo abrir uma empresa no exterior?

Imagine o seguinte cenário: você é nômade digital, o endereço fiscal da sua empresa é no Brasil e chega na sua caixa de entrada um convite para palestrar em um grande evento em Portugal. Como declarar esse recebimento em moeda estrangeira? Preciso converter? Preciso abrir empresa em Portugal?

Segundo a Mari, nada impede você de prestar um serviço no exterior e emitir a nota fiscal na cidade onde seu CNPJ está baseado. É só informar que essa nota foi emitida para o exterior.

Quanto de imposto você pagará, no entanto, dependerá se a empresa é MEI ou optante do Simples Nacional (pode ser EI, EIRELI ou LTDA, por exemplo). Se for MEI, não se preocupe com isso – você já paga seus impostos mensalmente. Se for Simples Nacional, pagará 6% do valor do serviço.

No caso do exemplo do evento em Portugal, você receberia um valor em euro e teria que converter para real na data da prestação do serviço para emitir a nota fiscal – que sempre acontece em real.

Por outro lado, se você pretende atender apenas clientes internacionais enquanto viaja, pode ser mais interessante escolher outro país como seu endereço fiscal. Países como Portugal e Austrália oferecem vistos especiais para fundadores de start-ups e podem ser uma boa opção caso você queira operar no exterior.

Residência virtual na União Europeia (UE)

Uma opção bastante válida para empreendedores que visam operar especificamente dentro da UE é a "residência digital" da Estônia. Com uma população de apenas 1,3 milhão de habitantes e área duas vezes menor do que o estado de Santa Catarina, a Estônia conseguiu assegurar sua posição como o país com maior avanço digital do mundo.

A explicação é simples: em 1991, após reconquistar sua independência da União Soviética, os estonianos tiveram que encontrar uma solução de baixo custo para fornecer serviços públicos aos seus cidadãos. Essa busca resultou na criação de uma série de serviços eletrônicos fornecidos pelo governo: votação online durante as eleições, arquivamento online de impostos, abertura e administração online de empresas, assinatura digital, entre outros. Para você ter uma ideia, em 1997, 97% das escolas da Estônia já operavam online, e desde 2000 as reuniões do gabinete do governo não utilizam papel.[6]

A verdade é que, falando de forma global, poucos países imaginaram como a Internet revolucionaria quase todas as áreas das nossas vidas e transformaria totalmente a maneira como trabalhamos hoje. Na Estônia, no entanto, a magnitude de sua revolução era mais óbvia. A infraestrutura do país precisava ser reconstruída quase do zero, sua burocracia de estilo soviético tinha que ser eliminada e novos empreendedores eram necessários para desenvolver a economia.

Foi nesse contexto que os estonianos olharam para a Internet recém-emergente e decidiram explorar seu potencial para construir um novo tipo de nação com um estado eletrônico e uma sociedade digital. A decisão resolveria grande parte desses

---

[6] Para mais informações, ver: <http://reports.weforum.org/digital-transformation/e-estonia/>. Acesso em: 15 out. 2018.

problemas e ajudaria o país a abrir-se para o mundo depois de tantos anos de isolamento.

Embora tenha conseguido grande sucesso nesse sentido, como muitos países ocidentais, a população da Estônia começou a diminuir lentamente, o que inibiu o crescimento da economia do país. Novamente, o governo se viu num dilema: como aumentar o número de contribuintes que podem alimentar o crescimento econômico? Afinal, aumentar a taxa de natalidade é um processo lento e complicado. Foi por esse motivo que a Estônia criou o conceito de "residência digital", batizado de e-Residency, e passou a oferecer às pessoas de todo o mundo acesso online aos seus serviços governamentais, antes disponíveis apenas para residentes da Estônia.

A ideia do e-Residency é justamente acabar com essas fronteiras para que qualquer pessoa possa se beneficiar dos serviços públicos do país de forma inteiramente online, operando dentro do ambiente de negócios da UE em qualquer lugar do mundo. O governo da Estônia acredita que o e-Residency é a melhor maneira de administrar uma empresa confiável independentemente do local e com custo mínimo. Os benefícios para quem resolve aderir ao programa são muitos:

- Abrir e administrar uma empresa online (e com "sede física" dentro da UE)
- Realizar transações bancárias online
- Ter acesso a provedores de pagamento internacionais
- Assinar digitalmente documentos (relatórios anuais, contratos, etc.) dentro da empresa, bem como com parceiros externos
- Verificar a autenticidade de documentos assinados
- Criptografar e transmitir documentos com segurança
- Declarar impostos online

O e-Residency funciona através de um cartão de identificação inteligente que permite acessar com segurança todos os serviços mencionados em qualquer lugar do mundo. Tudo que você precisa é de um computador e de Internet.

→ Fiz o meu e-Residency em meados de novembro/2018 e o retirei na embaixada da Estônia em Lisboa, na capital portuguesa. O país fechou sua representação no Brasil, então não há como retirar o cartão em terras tupiniquins.
FOTO: ARQUIVO PESSOAL.

Você pode conferir todas as informações sobre o e-Residency e fazer sua aplicação diretamente no site oficial do programa.[7] Mas não pense que se trata de um paraíso fiscal ou algo do tipo. A carga tributária da Estônia é bastante elevada, e se você opera exclusivamente no Brasil não faz sentido abrir uma empresa por lá. Além disso, o e-Residency não dá direito a residência na Estônia ou em países membros da UE – lembre-se de que tudo aqui é digital.

---

[7] Disponível em: <https://e-resident.gov.ee>. Acesso em: 15 out. 2018.

CAPÍTULO 08

A PARTE MAIS ESPERADA: AS VIAGENS!

Um homem precisa viajar. Por sua conta, não por meio de histórias, imagens, livros ou TV. Precisa viajar por si, com seus olhos e pés, para entender o que é seu. Para um dia plantar as suas próprias árvores e dar-lhes valor. Conhecer o frio para desfrutar do calor. E o oposto. Sentir a distância e o desabrigo para estar bem sob o próprio teto. Um homem precisa viajar para lugares que não conhece para quebrar essa arrogância que nos faz ver o mundo como o imaginamos, e não simplesmente como é ou pode ser; que nos faz professores e doutores do que não vimos, quando deveríamos ser alunos e simplesmente ir ver.

— Amyr Klink,
Mar sem fim

ESCREVO ESSAS LINHAS diretamente de Lisboa, capital de Portugal. Eu e minha esposa decidimos vir para cá há um mês e, como diriam nossos amigos portugueses, *cá estamos* aproveitando a tal da flexibilidade, vivendo deliberadamente.

Mas nem sempre foi assim. Nossa primeira viagem internacional aconteceu em 2013, após juntarmos nossas economias por dois anos e conseguirmos conciliar nossas férias. Naquele ano, desembarcamos em Frankfurt, na Alemanha, conhecemos algumas cidades do país e de lá seguimos, sempre de trem, para República Tcheca, Áustria e Itália. Viagem de férias em família (meu cunhado e sua esposa completaram o time), no estilo mochilão.

Foi aí que finalmente entendemos o que Amyr Klink quis dizer no famoso trecho de seu livro *Mar sem fim* que abre este capítulo. Dizem que "a ignorância é uma benção" e, por algum tempo depois dessa primeira viagem internacional, pensei que talvez fosse melhor não ter "conhecido o frio para desfrutar do calor". O sentimento de não saber quando poderia viajar novamente – não apenas pelo dinheiro, mas também pelas próximas férias – estava acabando comigo.

Sou natural de Imbituba, uma cidadezinha com pouco mais de 40 mil habitantes no litoral sul de Santa Catarina, onde passei a maior parte da minha vida. Tive uma infância comum. Nunca me faltou nada, mas também nunca tive nada além do básico – exceto pelos videogames, talvez, que me ajudaram a aprender inglês. Viagens? Apenas para cidades vizinhas. E, é claro, aquelas por meio de histórias, imagens, livros ou TV.

Minha fascinação pelo desconhecido começou cedo. Em 1998, aos 9 anos de idade, ganhei dos meus pais a edição do Almanaque Abril daquele ano – a Internet ainda engatinhava no Brasil, e por uns bons anos aquela pequena enciclopédia me ajudou em trabalhos escolares. O Almanaque trazia consigo um mapa-múndi e um guia com os 192 países da época – mapas, bandeiras, história, economia e política. Foi minha introdução a novos povos, culturas e costumes.

Nos anos seguintes, decorei capitais e bandeiras, aprendi mais sobre os países dos jogadores de futebol dos meus álbuns de figurinhas, consegui dicas importantíssimas para capturar Carmen Sandiego e, mais que tudo isso, despertei uma curiosidade genuína de conhecer o novo – e de viver deliberadamente.

Na adolescência, quando tive que decidir aos 17 anos qual curso prestar no vestibular, ouvi numa dessas feiras de profissões que um diplomata no último estágio de sua carreira ganha mais de 20 mil reais por mês para trabalhar fora do país.

Ora, era exatamente isso que eu queria. Um salário bem acima da média e a possibilidade de viajar o mundo. Na cabeça de um adolescente imaturo de 17 anos, isso obviamente aconteceria de forma natural. Anos mais tarde, já um bacharel em Relações Internacionais, vi que as coisas não seriam bem assim.

O concurso público para diplomata é um dos mais difíceis do Brasil – com provas em português, inglês, espanhol e francês –, e eu, bem... Eu tive que aceitar minhas limitações na área diplomática. Aos 22, havia me tornado apenas uma estatística – mais um jovem recém-formado trabalhando em uma área diferente da sua formação para pagar as contas.

É agora que voltamos para 2013 e para aquele mochilão. Ah, aquele mochilão... Ele mudou minha visão de mundo, minha visão como indivíduo e até a visão que eu tinha sobre construir uma carreira. *Conhecer o frio para desfrutar do calor.*

De fato, fazia bastante frio na Europa em abril de 2013. O verde da vegetação dava lugar a um amarelo quase marrom, e em alguns pontos do trajeto de trem era possível ver neve acumulada. Se este livro fosse uma cinebiografia da minha vida, a primeira cena teria essa paisagem e seria um *take* aéreo de um trem cruzando trilhos alemães rumo à República Tcheca. A câmera então se aproximaria do trem e haveria um corte para o interior do meu vagão. A próxima cena seria um close no meu rosto olhando pela janela. Um copo de cerveja tcheca em uma das mãos e um caderninho na outra.

Foi naquele momento, naquele vagão de trem com destino à Praga, que tive a ideia de criar um blog, de tentar escrever, de quem sabe unir viagens e escrita de alguma maneira, num futuro quase utópico. Eu queria colocar para fora todos aqueles pensamentos.

 Aguardando o trem que mudaria a minha vida na estação central de Dresden, na Alemanha.
13 de abril de 2013.
FOTO: ARQUIVO PESSOAL.

bit.ly/nd_dresden

Metade de uma década depois, aqui estou eu, em Lisboa, escrevendo um livro que une tudo isso. Trabalhando e viajando o mundo ao mesmo tempo – sem o salário de um diplomata, é bem verdade, mas desfrutando do calor após ter conhecido o frio.

Viajar é coisa de rico?

Por muito tempo achei que viajar para o exterior fosse coisa de rico – uma imagem estereotipada daquele primo ou amigo rico que viajou para a Disney ainda criança. Mas isso não é exatamente verdade.

O que aprendi com os anos é que, claro, com mais dinheiro você consegue viajar mais e melhor. No entanto, a grande questão das viagens não é sobre quanto você ganha, e sim sobre como você gasta o dinheiro que ganha. Escolhas.

E vou te falar: é bem provável que o que você gasta por mês na sua cidade seja o suficiente para viver em uma cidade bem legal no exterior – um casal sem filhos consegue viver tranquilamente com 3 mil reais por mês[1] na paradisíaca Tulum, no México, morando no *pueblo*, cozinhando em casa e se locomovendo de bicicleta.

Agora, se seus rendimentos são suficientes para pagar suas contas e você gasta o que sobra em coisas como um carro 0km, baladas, cervejas artesanais, hambúrgueres gourmet, artigos de decoração ou roupas de grife, dificilmente sobrará algo para uma viagem internacional. Tendo os mesmos rendimentos, sendo desapegado das coisas materiais e sendo financeiramente organizado, porém, isso pode mudar – minha esposa e eu somos exemplos claros disso.

Essa mudança de *mindset* é importantíssima para quem pretende se tornar um nômade digital. Ela não precisa acontecer de uma hora para outra; é algo gradual, mas em algum ponto

---

[1] Estimativa de setembro de 2017.

precisa acontecer. Afinal, como levar todas as suas tranqueiras acumuladas ao longo dos anos numa mochila? Não dá. Você precisa levar um estilo de vida (quase) minimalista – e é por isso que reforço que viajar não é coisa de rico. Dependerá das suas escolhas materiais.

Utilizando a tecnologia para viajar barato

O melhor amigo de qualquer nômade digital é um site chamado Nomad List.[2] Fundada pelo holandês Pieter Levels, essa base de dados criada por e para nômades digitais facilita – e muito – a vida de quem, assim como eu, não é rico e adora viajar e viver deliberadamente.

No Nomad List, você encontrará informações como o custo de vida mensal, em dólares, em diversas cidades do mundo. Todas as informações são alimentadas por nômades digitais. Também há dados sobre velocidade da Internet, valor da moradia, segurança, *coworkings* e até o nível de inglês dos moradores.

---

[2] Disponível em: <http://nomadlist.com>. Acesso em: 15 out. 2018.

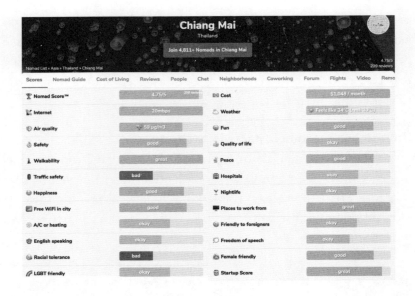

Antes de qualquer viagem, consulto o Nomad List para me programar e tentar evitar ao máximo imprevistos e frustrações. A ferramenta mais útil do site, na minha opinião, é a tabela com o custo de vida de cada cidade. Com ela, você consegue se planejar da melhor maneira para evitar perrengues financeiros. Também vale a pena ler os *reviews* de outros nômades que estiveram nos lugares para onde você pretende viajar.

Burocracias: passaporte, vistos e outros documentos

É bastante óbvio, mas você precisará de um passaporte válido para viajar – exceto, caso você seja brasileiro, nos países que pertencem ao MERCOSUL, onde a carteira de identidade basta.

Tirar seu passaporte é um processo bem simples. O documento é emitido pela Polícia Federal (PF) e o pedido pode ser feito online.[3] O próprio site da PF avisa:"não compre passagens ou faça compromissos antes de receber seu passaporte em mãos".Após fazer a solicitação online, você pagará uma taxa e precisará comparecer em um posto da PF em duas ocasiões, uma para colher as digitais e tirar a foto e outra apenas para retirar o passaporte pronto.

Essa foi a parte óbvia.Agora vamos ao que realmente interessa: vistos e outros documentos de entrada. Embora países como a Estônia estejam desenvolvendo iniciativas voltadas para nômades digitais, como o próprio e-Residency, ainda não há um visto específico para a categoria.

No Portal Consular do Ministério das Relações Exteriores do Brasil,[4] você encontra uma lista completa com os vistos exigidos (ou não) para os cidadãos brasileiros.A tabela é dividida entre "Visto de Turismo" e "Visto de Negócios".

A grande maioria dos países oferece dispensa de visto para brasileiros por até noventa dias em ambos os casos. O problema é que um nômade digital é a mistura das duas coisas, e tentar explicar isso na imigração pode não ser uma boa ideia.

Informe sua profissão, diga quanto tempo pretende ficar no país e, para evitar imprevistos, tenha sempre em mãos uma passagem de volta. Mesmo que você não a utilize e perca algum dinheiro, isso pode evitar uma eventual suspeita de imigração ilegal. Se quiser arriscar, existem sites que emitem passagens de volta com reembolso total ou parcial. O mais famoso é o One Way Fly.[5]

---

[3] Para mais informações, ver: <http://www.pf.gov.br/servicos-pf/passaporte>. Acesso em: 15 out. 2018.

[4] Disponível em: <http://www.portalconsular.itamaraty.gov.br/tabela-de-vistos-para-cidadaos-brasileiros>. Acesso em: 15 out. 2018.

[5] Disponível em: <https://onewayfly.com>. Acesso em: 15 out. 2018.

Na Europa, fique atento aos países que fazem parte do Acordo de Schengen.[6] Se você ficar três meses dentro do espaço de Schengen (que não deve ser confundido com a União Europeia), não poderá regressar para nenhum dos trinta países que fazem parte do Acordo pelos próximos noventa dias.

Outra dica é utilizar o Evernote, ou qualquer aplicativo de notas que funcione de forma off-line, para guardar arquivos como extratos bancários, comprovantes de reserva e outros documentos que você considerar úteis. Como *backup*, imprima esses arquivos e leve consigo na mochila – seu celular pode ficar sem bateria.

Além disso, alguns países, como a Tailândia, exigem o certificado internacional de vacina contra a febre amarela. Você pode tirar o seu na Agência Nacional de Vigilância Sanitária (ANVISA)[7] e conferir as exigências de cada país no Portal Consular do Ministério das Relações Exteriores do Brasil.[8]

Passada a imigração e já no seu destino, guarde seu passaporte em um local seguro (de preferência em um cofre, caso esteja hospedado em um hotel) e carregue consigo apenas uma cópia física e uma digital do seu documento. Perder o passaporte no exterior, principalmente se você não estiver em uma capital, pode lhe gerar grandes dores de cabeça.

Como encontrar passagens baratas

Em 2017, quando ainda ficávamos a maior parte do ano no Brasil, viajamos para o México por R$ 600,00 e para a Coreia do Sul por R$ 1.500,00 – ambos os voos de ida e volta saindo de Florianópolis. Da Coreia, ainda seguimos para a Tailândia por menos de R$ 500,00.

---

[6] Para mais informações, ver: <https://pt.wikipedia.org/wiki/Acordo_de_Schengen>. Acesso em: 15 out. 2018.

[7] Disponível em: <http://portal.anvisa.gov.br/certificado-internacional-de-vacinacao-ou-profilaxia>. Acesso em: 15 out. 2018.

[8] Para mais informações, ver: <http://www.portalconsular.itamaraty.gov.br/seu-destino>. Acesso em: 15 out. 2018.

Como conseguimos essas pechinchas? A melhor dica para quem tem flexibilidade de datas e está no Brasil é o aplicativo do Melhores Destinos. Todos os dias aparecem promoções – umas imperdíveis e outras nem tanto. Em dezembro, principalmente perto do Natal, o volume de preços promocionais aumenta, então você consegue se planejar melhor para as suas viagens.

Fuja de agências de turismo e, sempre que possível, parcele suas passagens (sem juros e com responsabilidade) o máximo que conseguir. Isso pode te dar um respiro financeiro para juntar recursos para gastos como hospedagens e alimentação quando estiver no exterior. Caso você já tenha um destino em mente e as promoções para lá estejam escassas, uma dica é monitorar voos através do Google Flights. Você pode configurar alertas e acompanhar os preços diariamente.

Além dos alertas do Google Flights, para pesquisar voos no Brasil e do Brasil para o exterior costumo utilizar Submarino Viagens e Viajanet. Para voos fora do Brasil (voos internos em outro país ou de um país para outro que não seja o Brasil), recomendo Cheap Flights, Skyscanner, Kayak e o queridinho dos nômades digitais, Rome2Rio, que mostra como chegar em qualquer lugar de avião, trem, ônibus, barco ou carro.

Como encontrar hospedagens boas e baratas

Em nossas viagens, eu e minha esposa utilizamos basicamente dois aplicativos de hospedagem: Booking e Airbnb. O primeiro para viagens mais curtas, o segundo para viagens mais longas.

No Booking, os espaços geralmente são oferecidos por empresas (hotéis ou administradoras), então não tem muito segredo. Enquanto isso, no Airbnb as propriedades (que geralmente são casas ou apartamentos) são alugadas pelos próprios donos, com quem você costuma tratar diretamente para fechar a transação.

O Airbnb é ótimo para nômades digitais que pretendem experimentar a rotina dos nativos na cidade escolhida. Lá você encontra facilmente acomodações com cozinha completa, lavadora de roupas e utensílios domésticos. Só não se esqueça de sempre olhar as avaliações dos hóspedes e de ficar atento para os comentários sobre o sinal de Internet – afinal, não é barato trabalhar todos os dias em um *coworking*.

Para conseguir bons preços, a dica é ser flexível nas datas. Você pode conseguir descontos maiores pelo aplicativo reservando a acomodação por mais tempo, mesmo que não a utilize todos os dias; basta combinar com o anfitrião de devolver a chave antes. É comum conseguir desconto para estadias que durem uma semana e mais ainda quando passam de um mês. Como bom brasileiro, você pode tentar falar com o anfitrião de forma privada e tentar barganhar um preço melhor em caso de uma estadia longa. Para o anfitrião, o acordo também pode ser vantajoso, visto que ele terá menos faxinas, check-ins e check-outs.

Além disso, sempre procuramos ficar longe de áreas centrais. Bairros residenciais são mais baratos, tranquilos e gostosos de morar, e geralmente o transporte público é em conta. No mais, você terá uma experiência típica de um local e não terá seu trabalho prejudicado pelo ritmo frenético de um grande centro.

Outra opção para quem quer economizar é o Couchsurfing, um serviço de hospitalidade que faz a ponte entre turistas que querem hospedagem grátis durante uma viagem e pessoas que gostariam de receber esses visitantes. É uma maneira diferente de conviver diretamente com um morador local.

Arrumando as malas

Menos é mais – isso é algo que você aprenderá com o tempo. No caso das suas bagagens, esse lema é libertador. Você certamente levará mais bagagem do que o necessário nas suas primeiras viagens, mas isso será necessário para o seu aprendizado como nômade digital. Você verá que viver deliberadamente significa, também, viver com menos.

E isso não significa fazer voto de pobreza nem nada do tipo. Significa investir em poucos itens, mas de qualidade. Por que comprar duas jaquetas de qualidade inferior, por R$ 150,00 cada, se você pode pagar R$ 500,00 em uma jaqueta que durará pelo menos cinco anos? Foque na qualidade, não na quantidade. Deixe o #lookdodia para as blogueiras que trabalham com isso.

Hoje, viajo com duas bagagens de mão: uma pequena mochila com itens pessoais e meus equipamentos, que vai embaixo do assento, e uma mochila de 50 litros com várias divisórias que (geralmente) não precisa ser despachada no avião. Isso otimiza meu tempo (não preciso esperar pela bagagem no aeroporto), me dá mobilidade (imagina levar uma mala gigante em um tuk-tuk na Tailândia) e não corro o risco de ter meus pertences extraviados.

Falando especificamente sobre vestuário, tenho levado comigo os seguintes itens para viagens de até três meses:

- 1 jaqueta impermeável e corta-vento
- 1 jaqueta de couro
- 1 sobretudo
- 1 suéter
- 1 blusa de lã
- 2 camisas de botão de mangas curtas
- 1 camisa de botão de mangas compridas
- 5 camisetas básicas
- 2 calças
- 2 bermudas
- 7 cuecas
- 5 pares de meias
- 1 par de luvas
- 1 touca
- 1 bota de couro
- 1 par de tênis

TOTAL: 33 itens

Quando compro uma nova roupa, me desfaço de uma antiga. E, é claro, alguns desses itens vão no meu corpo, não na mochila. Dependendo da temperatura, minha mochila vai mais ou menos cheia. Além disso, tenho optado por tecidos que não amassam muito – exceto pelas camisas de botão, pois não há muito o que fazer. Nem todas as acomodações oferecerão ferro de passar, então também é preciso pensar nisso ao arrumar sua mala ou mochila.

Dinheiro, cartões e câmbio

Existem vários cartões pré-pagos internacionais que você pode utilizar para praticamente tudo: débito, saques, compras online, etc. Costumo utilizar o Payoneer, que faz a conversão de forma automática de acordo com a moeda local.

Outros bem comuns entre nômades digitais são ADcash, LeoPay e N26. Os dois primeiros, no entanto, não aceitam residentes brasileiros, então você conseguirá abrir sua conta apenas se tiver dupla cidadania ou residência no exterior. Já o N26 aceita residentes brasileiros, mas não entrega o cartão no Brasil. Ou seja, você terá que utilizar seu endereço no exterior como comprovante de residência.

Para transferir seus reais para um cartão pré-pago, você pode utilizar o Transferwise. Seu *spread* – ou seja, a taxa cobrada pela instituição que está fazendo o câmbio – costuma ser bem menor do que em casas de câmbio tradicionais e bancos brasileiros que oferecem o Visa Travel Money.

Além do Payoneer, utilizo o Nubank como cartão de crédito e conta corrente. Ele é brasileiro, gratuito e tanto o atendimento como as transações são 100% online – perfeito para nômades digitais brasileiros. Por outro lado, tentamos evitar ao máximo usar sua função de crédito no exterior: o Imposto sobre Operações Financeiras (IOF) é de 6,38%.[9]

Com a desvalorização do real, temos buscado viajar sempre para países com custo de vida baixo e/ou moeda desvalorizada – como é o caso da Tailândia, por exemplo. Nosso único erro ganhando em real até aqui foi ter viajado para a Inglaterra em maio de 2018. Ganhar em real e gastar em libra não é uma boa ideia!

***

---

[9] Dado de novembro de 2018.

25 de maio de 2018 **LONDRES, INGLATERRA**

Eu também preciso das gorjetas, Amy

É meu aniversário e algo parece estar errado em Camden Town. A começar pelo tempo ensolarado na quase sempre nublada Londres. O distrito dos alternativos, berço do movimento punk e inspiração para escritores como Charles Dickens e George Orwell ganhou fama mundial com sua moradora mais ilustre, a cantora Amy Winehouse, que mesmo após o estrelato continuou frequentando os pubs de sempre e morando no número 30 da Camden Square.

Como acontece em qualquer região que entra nos holofotes, a gentrificação – termo que inclusive surgiu na Londres dos anos 1960 – chegou em Camden Town. Com o incremento dos preços de moradia e do custo de vida, muitos moradores se viram obrigados a deixar a região. Outros, no entanto, foram parar na rua.

Após cruzarmos as lojinhas nada convencionais ao longo da Camden High Street, minha esposa e eu entramos no The Dublin Castle, um dos pubs mais antigos do bairro. Entramos por acaso, na verdade. É meu aniversário e tudo o que quero são alguns pints de London Pride.

No interior do pub, apenas uma das mesas está ocupada. Um grupo de amigos discute sobre a próxima música a ser escolhida na jukebox. Nos fundos, uma grande porta dupla dá acesso a um pequeno espaço com música ao vivo. Uma banda cover de Rage Against the Machine está se apresentando, e cada vez que a porta se abre é possível observar uma pequena roda punk em frente ao palco. Londres não é uma cidade para trabalhadores que ganham

bit.ly/nd_londres

em real. Com a moeda brasileira desvalorizada e a libra na casa dos 5 reais,[10] uma simples cerveja sai por 25 reais – ou 5 libras. É meu aniversário, então peço dois pints, um para mim e outro para a minha esposa.

Enquanto a garçonete loira de dentes avantajados serve nossa cerveja numa das torneiras do balcão de madeira, observo que na parede vermelha, entre pôsteres de bandas e fotos antigas, há um registro de Amy Winehouse no que parece ser um dos ambientes do próprio pub. Há uma dedicatória na foto para Peggy, que presumo ser a dona do lugar, e um agradecimento por ela ter deixado Amy servir os clientes atrás do balcão. Segundo a cantora, ela precisava das gorjetas.

Sento em nossa mesa 50 reais mais pobre. Há um dito popular que diz que "quem converte não se diverte". Isso não se aplica em Londres. A cada gole na London Pride, minha conta bancária esvaziava junto com o copo. Me afundo no velho sofá de couro bordô e minha imaginação vai longe. É impossível não pensar que, se eu tivesse aparecido ali alguns anos antes, poderia ter sido atendido por Amy Winehouse.

Meus devaneios são interrompidos por um senhor que lembra o Keith Richards. Chapéu, lenço, óculos estilo Elton John, jaqueta jeans, calça rasgada nos joelhos e rugas que mostram que ele está na Terra há um bom tempo. Nessa altura, o pub já está cheio. Ele pede para dividir o sofá conosco. Está acompanhado de sua esposa.

Engatamos um papo sobre música e aproveito para comentar que assistimos ao show de Amy em Florianópolis meses antes de sua morte. Para nossa surpresa, aquele senhor que lembra o Keith Richards conhecia a cantora. Nativo de Camden Town, ele nos contou que costumava

---

[10] Valores de maio de 2018.

jogar sinuca com ela – e que Amy ficava irritadíssima quando perdia.

Peço mais um pint para brindar com meu novo amigo. Descubro que sua esposa também está fazendo aniversário. Brindamos e trocamos felicitações. Agora, estou 75 reais mais pobre. Por questões econômicas, minha esposa escolhe não me acompanhar nessa rodada.

Quando meu copo esvazia pela segunda vez, aceito que é hora de ir embora. Quem sabe comprar um pack de cervejas no mercado e continuar a comemoração em casa. Me despeço do senhor que lembra o Keith Richards com um aperto caloroso de mãos.

Queria ter ficado mais, ter bebido mais, mas seria financeiramente irresponsável da minha parte. Ao passar pela última vez em frente ao balcão e avistar a foto assinada por Amy, penso que talvez eu também devesse pedir a Peggy que me deixasse servir os clientes. Afinal, é meu aniversário e eu também preciso das gorjetas.

Vivendo como um local

O melhor conselho para você extrair o máximo dos lugares por onde passa – e, de quebra, economizar uns trocados – é viver como um local. Comparado a um turista padrão, a grande vantagem do tipo de viagem feita por um nômade digital é a possibilidade de ficar mais tempo em cada cidade. Dessa forma, você pode explorar peculiaridades locais fora de zonas turísticas – a padaria do bairro, o restaurante com comida típica, o café onde os locais passam antes do trabalho.

Viver como um habitante local é o grande segredo para extrair o máximo de uma cultura, tanto em termos financeiros quanto para ter as melhores experiências em outra comunidade. Eberson, o executivo que tirou um período sabático, diz observar com certa frequência pessoas que idealizam o nomadismo digital ou um tempo sabático como uma extensão das férias. Tentam realizar suas viagens como turistas e acabam se frustrando a longo prazo, quando aquele modelo de vida se torna inviável (pelo menos para a maioria das pessoas que não são de famílias abastadas).

Seguindo a mesma linha de pensamento de Eberson, a publicitária Debbie sugere aproveitar o benefício das longas estadias para explorar a cidade durante dias de semana ou períodos de baixa temporada. Isso pode tornar a experiência mais barata e mais autêntica.

Já o consultor Fernando diz que só considera ter conhecido uma cidade de verdade após utilizar o transporte público. Segundo ele, é lá que você encontrará as pessoas normais e as histórias locais. Fernando afirma que não há melhor imersão do que essa.

Outra forma de imergir na cultura local é frequentar cafeterias para trabalhar. A busca por cafés de bairro, afastados dos pontos turísticos, ajudará você a realmente adentrar a cultura da cidade, conhecendo pessoas autenticamente locais e, é claro, evitando os preços praticados em lugares turísticos.

Diferenças culturais e peculiaridades

Você já deve ter ouvido que os franceses são antipáticos e os alemães carrancudos, ou que os mexicanos são amigáveis e os coreanos mais fechados. Estereótipos a parte, o que todos os povos do mundo têm em comum é que somos humanos. Diferenças culturais e peculiaridades são comuns, mas a empatia é a chave para ser bem recebido e ter ótimas experiências em qualquer país do mundo.

Esqueça seus preconceitos, aprenda palavras-chaves como "oi", "obrigado", "por favor" e "desculpa" no idioma local, coloque um sorriso no rosto e se abra para o mundo. Saber entender e respeitar as peculiaridades de cada país é essencial para ter uma boa experiência durante qualquer viagem.

Marcos, o amigo nômade que fiz no Instagram, sempre diz que quanto mais você conversa com os locais e se despe dos seus preconceitos, mais experimenta, de fato, a cultura do lugar. Isso pode ser feito pegando caronas na beira da estrada, ficando na casa de moradores da região, trabalhando temporariamente em atividades totalmente diferentes da sua área principal ou mesmo aceitando convites inesperados – ainda que seja para um karaokê duvidoso no Líbano, onde você pode acabar se apaixonando pela música local.

Em destinos com culturas completamente diferentes da nossa, certos comportamentos locais podem ir contra nossos valores, mas temos que aprender a lidar com isso. Eberson conta que, da mesma forma que teve experiências memoráveis no Marrocos – dormir no Saara, tomar chá da tarde com nômades berberes e conhecer lugares seculares como a mais antiga universidade em funcionamento do mundo, em Fez –, o país também reservou a ele seu momento mais difícil como nômade digital.

Eberson tomava café com sua esposa, Iara, no segundo andar de uma cafeteria no centro de Marrakesh. Eles observaram os feirantes, que vendiam temperos, bolsas e outros artigos de artesanato naquela que é uma das principais praças da capital marroquina. Então, uma movimentação brusca lhes chamou a atenção. Era uma das feirantes, que oferecia seus serviços de tatuagem de rena aos turistas. Ela discutia com um homem que havia deixado sua posição em uma roda de amigos para tirar algum tipo de satisfação.

O casal estranhou aquela abordagem, mas eles pareciam se conhecer – ou mesmo ter algum tipo de relacionamento mais íntimo. Enquanto os insultos subiam o tom, Eberson e Iara ficaram aflitos nas cadeiras. Em uma fração de segundos, a agressão física começou. Algo brutal e asqueroso. O homem batia na mulher ali, na frente de todos, sem ser incomodado.

Um dos garçons percebeu o incômodo de Eberson e Iara e lançou-lhes um olhar como quem diz "eu sei, mas não podemos fazer nada, ou isso pode ficar ruim para o nosso lado". Após a cena descabida, o homem deixou a praça em uma moto e a mulher continuou seu trabalho. Tinha o semblante abatido, estava ferida física e emocionalmente. Iara pediu a Eberson que fossem embora dali o mais rápido possível. Ela começara a passar mal depois de ver tanta violência gratuita – principalmente contra uma mulher. Ao chegar no hotel, Iara se debulhou em lágrimas. Chorou copiosamente por muito tempo.

Apesar do sentimento de impotência que uma cena grotesca como essa provoca, precisamos tentar encarar esse tipo de situação como parte de uma estrutura cultural muito mais complexa. Eberson e Iara ficaram abalados por um longo tempo até retornarem da viagem, mas fizeram o difícil exercício de tentar entender que, infelizmente, esse é um tipo de coisa que você pode presenciar quando está inserido em uma cultura com valores diferentes dos seus.

**

19 de novembro de 2017 — **CHIANG MAI, TAILÂNDIA**

Os painéis de neon em Chiang Mai escondem algo

O aviso em inglês na porta do quarto do hotel era um indicativo de que Chiang Mai, a segunda maior cidade da Tailândia, ia muito além de elefantes, templos budistas e nômades digitais:

"Proibido trazer prostitutas para o quarto."

A diferença de dez horas no fuso horário nos dava a sensação de vivermos no futuro. Enquanto nossos clientes brasileiros dormiam ou assistiam Netflix, minha esposa e eu utilizamos a manhã para fazer nossos trabalhos. Isso nos dava liberdade para curtir a cidade no restante do dia.

O café da manhã do hotel era reforçado – frutas, pães e diferentes tipos de sucos. Quando a fome bateu novamente, lá pelas 14h, comprei suprimentos na 7-Eleven que ficava há uma quadra dali. De volta ao quarto, fitei novamente aquele aviso.

"Proibido trazer prostitutas para o quarto."

Com nossas demandas entregues, chegara a hora de explorar Chiang Mai. Atravessamos a Iron Bridge e fizemos alguns programas de turista: visitamos templos budistas, fomos numa famosa feirinha e andamos sem rumo.

O final da tarde se aproximava. Sentamos num restaurante qualquer e pedimos *pad thai*. Na mesa ao lado havia um senhor solitário que por alguns instantes pensei se tratar de Stan Lee, aquele dos quadrinhos. Óculos estilo aviador, cabelo branco milimetricamente penteado para trás, bigodinho safado, terno azul-marinho, camisa branca com três botões abertos, um cigarro numa mão e um copo de Aperol Spritz na outra. Confesso que fiquei com inveja daquele senhor, que provavelmente estava passando um calor dos infernos, mas tinha estilo. Eu, maloqueiro, vestia uma camiseta cinza da NASA com marcas de suor, bermuda de banho comprada numa loja de departamento, tênis surrado da Vans, cabelo amarrado por causa do calor, cerveja quente numa das mãos e iPhone de duas gerações anteriores na outra.

Na rua, turistas americanos com suas camisas florais desfilavam rumo à Loi Kroh Road, nossa próxima parada. A recepcionista do hotel havia nos dito que essa rua era famosa por seus barzinhos.

A noite chega e o número de turistas americanos com camisas florais aumenta. Grupos de cinco ou seis caras, geralmente de meia-idade para cima. Acho aquela movimentação estranha, mas seguimos guiados pelos painéis de neon que surgem no horizonte como potes de ouro no final do arco-íris.

Liverpool e Tottenham jogarão naquela noite pelo campeonato inglês, e tudo que procuramos é um bar com uma TV ligada no canal de esportes. Os tailandeses são malucos pelo futebol da terra da Rainha. Ao espiar o interior de um bar qualquer, vejo o senhor que parece o Stan Lee. Ele está sentado num sofá vermelho na companhia de duas tailandesas bastante maquiadas e com roupas curtas e apertadas. Forço meu pescoço para a frente e consigo ver alguns grupos de turistas americanos, vestidos em suas camisas florais, igualmente acompanhados por tailandesas bastante maquiadas e com roupas curtas e apertadas.

A fachada do prédio diz que o bar, na verdade, se trata de um karaokê. Mas não há palco, tampouco microfones. Algo está errado naquela cena. Olho em volta e percebo que em todos os bares da rua, que na verdade são karaokês, tailandesas bastante maquiadas e com roupas curtas e apertadas recepcionam os turistas americanos vestidos em suas camisas florais. Elas oferecem drinks, se insinuam e os chamam para dentro. Os painéis de neon em Chiang Mai escondem algo.

Deixamos a Loi Kroh Road a bordo de um songthaew, uma caminhonete vermelha adaptada que transporta os turistas ao estilo boia-fria. O motorista nos leva para o centro da cidade, onde os bares realmente são bares. Nos acomodamos próximos à TV. Os times já estão em campo e há alguns ingleses torcedores do Tottenham no recinto. Eles estão acompanhados por tailandesas bastante maquiadas e com roupas curtas e apertadas.

De volta ao hotel, levemente embriagado e tendo os pensamentos invadidos por turistas americanos com camisas florais e tailandesas bastante maquiadas com roupas curtas e apertadas, pego uma Singha no frigobar e digito "Chiang Mai sex tourism" no Google.

Dou um longo gole na cerveja enquanto a página carrega. As respostas do mecanismo de busca pipocam na tela do celular e de repente o aviso em inglês na porta do quarto do hotel começa a fazer sentido. Os painéis de neon em Chiang Mai realmente escondem algo.

Cuidado com os golpes

Sabe aquele conselho que você muito provavelmente já ouviu na infância sobre "não conversar com estranhos"? Então, para um adulto em uma viagem internacional, ele pode ser adaptado para "não converse com estranhos que te abordam em pontos turísticos".

Não pense que a figura do malandro é exclusividade brasileira. Longe disso. Em todos os países que passei, uns em maior escala do que outros, presenciei ou ouvi casos sobre golpistas que se aproveitam de turistas. Para não cair em armadilhas em suas viagens, o principal conselho é: esteja sempre atento ao que acontece ao seu redor e não faça qualquer tipo de transação clandestina. Isso também vale para quando você estiver no Brasil, mas é sempre bom reforçar.

E para ajudar você a não ter surpresas desagradáveis no exterior, separei uma lista com os golpes mais frequentes aplicados em pontos turísticos ao redor do mundo.

Pulseiras, flores e outros brindes

Esse tipo de golpe é bem comum em países europeus. Já fui abordado algumas vezes na Itália e em Portugal e ouvi histórias de pessoas que passaram pelo mesmo na Espanha e na França.

Basicamente, um sujeito lhe aborda oferecendo um brinde. Pode ser uma pulseira, uma rosa ou um pequeno souvenir. Você diz que não quer, mas ele insiste que é de graça, um presente. Você agradece e ele pergunta sua nacionalidade. Ao dizer que é brasileiro, o sujeito fala algumas palavras em português e cita um ou dois jogadores de futebol.

Quando você tenta ir embora, o golpe é aplicado. O sujeito diz que o brinde, na verdade, custa 5 euros. Você tenta devolver e ele não aceita. No caso da pulseira, ela é amarrada com tanta força que você não consegue desamarrar.

Também há relatos de turistas que tiveram suas carteiras roubadas enquanto tentavam devolver seus brindes. Enquanto a discussão acontece, comparsas do sujeito surgem do nada e batem a carteira do turista. Então, a dica é a mesma que você ouvia da sua mãe: nunca aceite nada de estranhos.

O famoso golpe do anel de ouro

Se você cair nesse golpe, sinto muito, mas foi merecido. O golpe do anel de ouro é um dos mais clássicos em viagens. Um sujeito lhe para na rua com um anel dourado em mãos e pergunta se ele é seu. Se você disser que sim, o sujeito vai pedir algo como 10 euros pela boa ação.

A questão é: o anel não é de ouro, tampouco é seu. Ou seja, se você for honesto, dificilmente cairá em um golpe do tipo.

Ingressos falsos

Golpe bastante comum em lugares com museus ou outras atrações que exigem o pagamento de ingressos. Você está nas redondezas do Coliseu, por exemplo, e um sujeito te aborda oferecendo ingressos para a visitação. Você olha para a fila na bilheteria e, pensando na sua comodidade, acaba comprando o ingresso.

O problema é que muito provavelmente você está comprando um ingresso falso. Filas são um saco, mas nas bilheterias oficiais essa validade é garantida. Se quiser economizar tempo, pesquise na Internet se o local a ser visitado oferece a opção de compra online, mas nunca compre ingressos na rua.

Fotógrafos que não são fotógrafos

Imagine a seguinte cena: você está com seu cônjuge tentando tirar uma *selfie* na Praça de São Marcos, em Veneza, na Itália. Um sujeito que estava passando se oferece, de forma altruísta, para fazer o retrato. De posse da câmera ou do celular, ele simplesmente desaparece em meio à multidão. Pois é, por mais cena de filme de comédia que isso possa parecer, é possível acontecer.

Se você, assim como eu, não é adepto das *selfies*, a dica é identificar outro turista que esteja tirando fotos no lugar e pedir gentilmente que ele faça um retrato seu. Como forma de agradecimento, se ofereça para tirar uma foto dele.

Batedores de carteira

Bastante comuns em praças e transportes coletivos ao redor do mundo, os batedores de carteira são um verdadeiro problema nas grandes cidades. Evite utilizar sua carteira no bolso traseiro e, se possível, carregue dinheiro, cartões e documentos em uma pequena pochete interna.

Táxi? Só chame por aplicativos

Esse é um problema mundial. Se utilizar o transporte público não é uma boa opção para você, seja por questões de localização ou tempo, prefira aplicativos de transporte privado para se locomover, como o Uber. Chamar um táxi na rua, dependendo da cidade onde você está, pode não ser uma experiência agradável.

Há diversos tipos de golpes aplicados por taxistas ao redor do mundo – e, por causa disso, infelizmente toda a classe acaba sofrendo com a má fama. O mais comum é quando cobram um valor superior ao da corrida ao perceberem que você é turista. Além desse clássico, também pode acontecer de você receber seu troco com notas falsas no meio. Para evitar que isso ocorra, tente aprender como identificar uma nota verdadeira no país onde você está.

Outro golpe comum é ter suas bagagens roubadas do porta-malas. Sim! E você só descobrirá isso quando chegar ao destino. O taxista se mostrará surpreso e não cobrará pela corrida, mas ele faz parte do esquema. Por isso, sempre olhe para trás quando o táxi estiver parado no trânsito ou no semáforo para se certificar de que ninguém está roubando suas malas.

Atente-se também às facilidades e propostas oferecidas por taxistas. Na primeira vez em que estive na Cidade do México, por exemplo, peguei um táxi cujo motorista era um ex-coiote que, aparentemente, utilizava sua nova profissão para prospectar novos clientes para seus amigos atravessadores.

* * *

8 de outubro de 2017	CIDADE DO MÉXICO, MÉXICO

Beatniks e um taxista coiote na Cidade do México

O número 210 da rua Orizaba, na Cidade do México, abrigava a sede informal da geração beat americana dos anos 1950. Nomes como Jack Kerouac, William S. Burroughs e Allen Ginsberg escolheram a capital mexicana para viver numa espécie de fuga das rígidas regras da sociedade americana da época. No México, onde a aplicação das leis era relativa, os escritores puderam dar vazão aos seus desejos e impulsos mais obscuros.

A antiga casa foi demolida e hoje é o endereço de um charmoso edifício com pequenos apartamentos. Foi lá que Kerouac, em meio a delírios etílicos *y otras cositas más*, escreveu *Tristessa*, romance que conta uma das histórias de amor mais tristes e decadentes da literatura beat: a paixão ardente do escritor por Esperanza Villanueva, uma prostituta índia viciada em morfina.

Há algumas quadras dali, no número 122 da rua Monterrey, Burroughs matou sua esposa, a poeta Joan Vollmer, de forma

bit.ly/nd_mexico

acidental durante uma festa em 6 de setembro de 1951. Essa é a versão oficial, pelo menos.

O livro *A vida secreta dos grandes autores*, de Robert Schnakenberg[11], conta:

> Em 1951, durante uma festa em sua casa no México, Burroughs e a esposa, Joan, decidiram regalar os convidados com a sua primorosa imitação de "Guilherme Tell". Joan equilibrou um copo na cabeça, enquanto Burroughs fazia a mira com a sua pistola calibre 38 calibres. (Aparentemente, a questionável sensatez de um viciado em heroína completamente "chapado" estar praticando tiro ao alvo com uma viciada em benzedrina não ocorreu a nenhum dos presentes.) Burroughs errou o alvo, explodindo os miolos de Joan e matando-a instantaneamente.

Nosso tour literário por La Roma, o bairro dos beats que hoje é um reduto de artistas *hipsters*, chega ao fim no número 37 da rua Alvarado, endereço onde Burroughs e Vollmer viveram assim que chegaram ao México e que aparece no clássico *On The Road*, de Kerouac. Somos recepcionados por uma faixa da associação de moradores do bairro avisando aos ladrões que vigias foram contratados. Melhor voltarmos para o La Oliva, simpático café onde, naquela manhã, fizemos amizade com um talentoso escultor natural de Chihuahua, uma das cidades mais sangrentas do país.

É fim de tarde na Cidade do México e a Internet do celular não funciona. Sem conseguir chamar um motorista no aplicativo de transporte, minha companheira e eu nos vemos obrigados a entrar no primeiro táxi que passa pela rua Orizaba.

O carro é velho. O painel tem enfeites religiosos e uma pequena bandeira do Cruz Azul tremulando. O rádio toca

---

[11] SCHNAKENBERG, Robert. A vida secreta dos grandes autores. Rio de Janeiro: Ediouro, 2008.

alguma música do BuenaVista Social Club. O taxista compartilha da mesma decadência do carro e de Esperanza, amada de Kerouac – ele se encaixaria perfeitamente no submundo dos becos esfumaçados descritos pelo autor em *Tristessa*. Sua tez bronzeada o faz lembrar um indiano. Os traços de índio asteca nos cabelos, nos olhos e na barba rala, contudo, entregam sua nacionalidade. A camisa listrada está aberta até metade da barriga. Faz um calor descomunal na Cidade do México.

–Vocês se importam se eu fumar? – Ele pergunta.

"Me importo", penso.

– Não – respondemos em uníssono.

O motorista acende um cigarro e começa a puxar papo. Quer saber nossa nacionalidade. Quando respondemos "Brasil", a conversa, é claro, descamba para o futebol. Os mexicanos adoram o futebol brasileiro por causa da Copa de 1970. Não os culpo.

Quando o carro decadente, agora com cheiro de cigarro, para no sinal vermelho, o taxista nos pergunta se já fomos até os Estados Unidos. Conta que morou durante dez anos numa cidadezinha próxima à fronteira com o México. Pergunto o que ele fazia lá.

– Eu era coiote. Um atravessador, sabe? Atravessava mexicanos, brasileiros, guatemaltecos, salvadorenhos... Pessoas em busca de uma vida melhor na América.

– U-a-u. – Isso é tudo que sai da minha boca.

Fito minha esposa com um olhar de incredulidade. O silêncio no interior do carro enfumaçado é ensurdecedor. Estávamos num táxi com um personagem que parecia ter saído das aventuras de Jack Kerouac pelo México.

– Perguntei dos Estados Unidos porque vocês são jovens. Sei que o Brasil é como o México. Posso ajudar vocês. Tenho alguns contatos – ele insiste no assunto.

O taxista coiote, ou coiote taxista, estava agora prospectando novos clientes. Provavelmente havia largado o trabalho duro na fronteira, mas, de alguma forma, ainda estava ligado aos atravessadores. Era uma espécie de cafetão. O emprego como taxista soa como um disfarce perfeito.

—Você gostava do que fazia? — Minha esposa questiona.

— Eu gostava da emoção. Era gratificante quando atravessávamos os clientes pela fronteira — diz, orgulhoso.

— E não era perigoso? — Dessa vez eu faço a pergunta.

— Perigoso... — Sua fala é interrompida pelo som de uma buzina.

Ele coloca a cabeça para fora do carro e amaldiçoa algum motorista. Nossos olhares se cruzam pelo retrovisor interno e ele completa a frase:

— Perigoso é ser taxista na Cidade do México.

Imprevistos acontecem

Cena um: você conseguiu uma ótima promoção de passagem aérea. Na volta para casa, porém, o voo é cancelado sem qualquer explicação. A companhia aérea te trata feito lixo. Cena dois: você está em uma praia paradisíaca da Tailândia procurando um lugar para comer quando, de repente, um cano estoura na rua e te dá um banho de esgoto. Cena três: você chega na sua cidade favorita do mundo. É quase meia-noite. O apartamento que você alugou era lindo nas fotos. Ao entrar, porém, percebe que foi colocado em um porão. Não era a mesma hospedagem que você havia visto. Tudo isso aconteceu comigo e com a minha esposa.

Meu ponto é: *shit happens* (no nosso caso, de uma maneira bem literal). E, se algo do tipo acontecer com você — espero que nunca aconteça —, mantenha a calma. Não deixe que sua viagem seja arruinada por conta de imprevistos.

O banho de esgoto? Voltamos rindo para o hotel, tomamos um banho — com água, sabonete e shampoo, para deixar bem claro — e logo depois fizemos um passeio incrível de barco.

Mas existem algumas medidas que você pode tomar para minimizar as chances de algo dar errado. Listo aqui as principais:

- Sempre faça um seguro de viagem
- Sempre tenha consigo algum dinheiro em espécie na moeda local
- Sempre tenha cópias físicas e digitais dos seus documentos
- Sempre utilize cadeados nas suas malas ou mochilas
- Sempre tenha um carregador de celular por perto

Muitas outras coisas podem fugir do seu controle, é bem verdade, mas se precaver é sempre o melhor remédio.

***

8 de novembro de 2017 — PHI PHI, TAILÂNDIA

bit.ly/nd_phiphi

O lado B do nomadismo digital

 Ton Sai Bay, Phi Phi, Tailândia. Novembro de 2017.
FOTO: LAÍS SCHULZ.

Após uma hora espremidos em um avião de uma dessas companhias *low cost*, mais uma na carroceria de uma caminhonete, ao estilo boia-fria, e outras três num *ferry boat* abarrotado de turistas, em sua maioria russos e americanos, minha esposa e eu desembarcamos no píer de Ton Sai Bay, pequena ilha que pertence ao arquipélago de Phi Phi (pronuncia-se "pi pi"), na Tailândia, sudeste asiático.

Pouco mais de uma década antes, em 26 de dezembro de 2004, uma série de ondas gigantes varreu a região. Estima-se que mais de 200 mil pessoas tenham perdido suas vidas nos 14 países atingidos pelos tsunamis devastadores que sacudiram o Oceano Índico. Na Tailândia, 11 mil morreram – a maioria em Phi Phi. Resorts de luxo, hotéis e restaurantes foram reduzidos a nada. Quem desembarca em Ton Sai Bay hoje, no entanto, não consegue sequer imaginar o terror ocorrido ali anos antes. O clima é de festa e curtição.

Descemos do *ferry boat* em um dia ensolarado da primeira semana de novembro de 2017. Na faixa de areia estão os proprietários dos *longtail boats*, os tradicionais barcos de madeira com enfeites na proa, esperando sedentos pelos turistas.

– *Boat! Boat! Boat! Taxi boat!* – Essas são as primeiras palavras que você ouve quando deixa o píer de Ton Sai Bay.

Entramos em um bar qualquer na beira da praia. Precisávamos de Wi-Fi para utilizar o Google Maps. Nossa acomodação, segundo o aplicativo, ficava a dez minutos dali. Pedimos uma cerveja cada, a tradicional Chang, para aliviar o calor.

Aproveito a conexão com a Internet para enviar fotos da viagem para a minha mãe pelo WhatsApp. Na rua, transeuntes cruzam a orla sorridentes e cheios de mochilas. Enquanto uns chegam, outros vão. Os do segundo grupo você identifica facilmente pela vermelhidão no rosto e pelas vestes de bicho-grilo com elefantes estampados.

O garçom sorri ao descobrir que somos brasileiros. Fala do Neymar e diz que, quando criança, adorava ver o Ronaldinho jogar. Para um brasileiro no exterior, o futebol, goste você ou não, é uma ótima forma de quebrar o gelo.

Pagamos a conta incrivelmente barata e seguimos pela rota do aplicativo. Cruzamos toda a extensão da praia. Se, antes, grupos de turistas nos faziam companhia pelas ruelas estreitas, agora éramos apenas nós dois. Eles já haviam encontrado seus destinos em luxuosos hotéis à beira-mar.

Subimos um morro, descemos outro, recusamos *taxi boats* e, enfim, encontramos a acomodação. Um tailandês cabeludo vestindo uma camisa de algum time de futebol local e sentado em posição de lótus nos atende. Pergunto seu nome.

– B.

– B.?

– B.

Ele escreve "B." num papel e aponta sorridente:

– B.!

Apresentações feitas, minha esposa preenche uma ficha colada em um velho caderno que devia ser da Tilibra tailandesa. Então B., o tailandês cabeludo, nos acompanha até nossa acomodação.

Antes de entrar nos detalhes do nosso pequeno apartamento tailandês, é necessário salientar que, devido ao nosso orçamento precário, optamos pelo mais barato. Porém – e esse porém é importante –, as avaliações em um desses aplicativos de hospedagem eram muito boas. Principalmente no que diz respeito à Internet, fator essencial para nômades digitais como nós. Dito isso, convido o leitor a usar sua imaginação para tentar sentir o que sentimos.

B. nos mostra o quarto. Dizem que a primeira impressão é a que fica. A nossa foi a de uma porta de madeira nada segura com dois vitrais, estando um deles quebrado e amparado por uma tábua na transversal, anunciando o que estava por vir.

O quarto? Três camas de solteiro perfiladas, uma mais deplorável que a outra. A parede tinha os tijolos aparentes, sem reboco, mas não de um jeito *hipster*. A *vibe* era espelunca mesmo. Não lembrava em nada, ou quase nada, o que vimos no anúncio do tal aplicativo de hospedagem.

O banheiro, pequeno e sujo, era um complexo engenhoso de teias de aranha que pareciam estar ali há uns bons anos. Penso que é o fim da linha. Estamos em uma ilha tropical e logo imagino que as aranhas, certamente venenosas, nos matariam durante a noite.

A noite chega e me deito sobre o lençol puído de uma das camas de solteiro. Faz 35 graus e tudo que temos é um ventilador com uma das pás quebradas. O quadro é desesperador. E se quem quebrou um dos vidros da porta aparecer e tentar nos roubar? E se uma aranha venenosa nos picar? E se a cama estiver infestada de percevejos? E se formos sequestrados, como em um daqueles filmes *cults* em que os turistas acordam em uma banheira cheia de gelo e com um órgão a menos?

O sol ainda não tinha dado as caras quando um galo começou a cantar na cabana da frente como se não houvesse amanhã. Perco o sono e resolvo trabalhar. Naquele dia eu teria que entregar o trabalho mais importante da minha vida até então: um texto para o Google. Dentro daquele cenário, isso era uma ironia absurda. Imaginei os funcionários da gigante do Vale do Silício em escritórios climatizados, sentados em seus pufes coloridos e tomando café daquelas máquinas chiques. Enquanto isso, eu parecia uma mistura de Hunter S. Thompson em Porto Rico e Ernest Hemingway em Cuba: trabalhando numa escrivaninha manca, sentado numa dessas cadeiras típicas de escolas públicas brasileiras dos anos 1990, vestindo uma camisa com os botões abertos até a metade da barriga, bermuda, chinelo e suando por todas as extremidades.

Quando termino o artigo, o galo ainda canta lá fora. O sol nasce. A temperatura aumenta. Abro mais um botão da camisa, mas o calor continua insuportável. Abro a porta do vidro quebrado e me escoro no corrimão da sacada improvisada. Enquanto isso, o vizinho da frente, o dono do galo, enrola um baseado pacientemente. Ao seu lado vejo um segundo já pronto para o consumo. Uma turista loira de bochechas rosadas sai da cabana ao lado e o tailandês dos baseados lhe oferece um. Ela agradece, mas recusa.

Quando retorno para o interior do apartamento, minha esposa já está acordada. Fazemos algumas contas e decidimos deixar a acomodação – ainda tínhamos quatro diárias. O plano era encontrar outro lugar na beira da praia e pechinchar em caso de quarto vago.

Nosso anfitrião, B., não estava na recepção. Não havia ninguém na recepção. O cara dos baseados passa por nós e acena com a cabeça. Aceno de volta. São quase 9h da manhã quando aquele galo desgraçado volta a cantar.

– Pra mim, já deu. Vamos embora desse lugar – digo para a minha companheira.

Como não encontramos B., continuamos com a chave do local. Em último caso, voltaríamos para a acomodação. Se conseguíssemos algo melhor, apareceríamos ali no dia do check-out como se nada tivesse acontecido, já que o aplicativo não previa a devolução do nosso dinheiro.

Subimos um morro, descemos outro, e resolvemos entrar no hotel para onde a maior parte dos turistas havia entrado no dia anterior. Para nossa surpresa, os preços não eram exorbitantes. Ficamos com um dos quartos.

Um simpático recepcionista nos acompanha até nossa nova acomodação. Cama de casal daquelas bem largas, ar-condicionado, um pequeno estoque de Chang no frigobar, uma escrivaninha de verdade, uma cadeira de verdade, entre outros pequenos luxos que incluem roupões e chocolates.

Trabalhando no dia seguinte em minha nova escrivaninha, ar-condicionado ligado, roupão branco no corpo e frutas frescas à disposição, recebo por e-mail a aprovação do artigo escrito para o Google em meio ao caos da manhã anterior. Aparentemente, é mesmo possível trabalhar de qualquer lugar do mundo.

* * *

De longe, avisto B. em posição de lótus. Ele abre um sorriso quando me vê. Devolvo as chaves.

— Gostaram daqui? — Pergunta B., num inglês arrastado.

— Adoramos, B. Adoramos.

CAPÍTULO 09

DOS NÔMADES SOLOS AOS CASAIS – COM OU SEM FILHOS

---

*Chega um momento da vida em que você
se dá conta de quem realmente importa, quem nunca
importou e quem sempre importará.*

*– Travis Barker,
Vivendo a mil, enganando a morte e batera, batera, batera*

TALVEZ O PRINCIPAL DESAFIO de um nômade digital seja lidar com seus próprios sentimentos. Como aguentar a saudade de quem fica? Como viver longe de familiares, cônjuges, filhos e amigos? Pela minha experiência – seja pelo que eu mesmo experimentei, seja pelas conversas que tive com outros nômades –, se o seu perfil é de alguém que não consegue ficar fisicamente longe dos seus entes queridos, talvez esse estilo de vida não seja uma boa ideia para você.

Para viver uma vida ao redor do mundo, você terá que se desprender de algumas relações anteriores. Isso não significa, obviamente, perder o contato com familiares e amigos. Com a tecnologia que temos hoje, é muito fácil matar a saudade de quem amamos, ainda que o contato virtual não supere o físico. Mas, de modo geral, você terá que seguir em frente, então prepare-se para perder eventos como aniversários, casamentos e outras reuniões familiares.

Sempre me perguntam como lidar com a saudade dos familiares e amigos, e eu respondo que sempre dói mais para quem fica. A vida dos seus pais, caso você ainda os tenha, seguirá a mesma rotina; a diferença é que você estará longe. A sua, por outro lado, envolverá algo novo todos os dias. Isso significa – e falo por experiência própria – que você terá a sensação de que o tempo está passando mais devagar.

Outros questionamentos comuns são sobre situações bem específicas: viajar sozinho, viajar em casal, viajar em casal e com filhos, viajar com animais, etc. Bom, eu e minha esposa nos tornamos nômades digitais ao mesmo tempo. Sempre viajamos juntos e não temos filhos. Então, nossa história representa apenas um tipo de perfil de nômade digital. Para que este capítulo não ficasse centrado em nossas vidas, conversei com nômades digitais brasileiros que representam outros tipos de perfil.

Viagem solo

Eu nunca viajei sozinho para o exterior. Mas, em um dos papos que tive com o Marcos quando o recebemos na Itália, ele me contou como é ser um nômade digital solitário.

Desde suas primeiras recordações, Marcos sempre percebeu uma inclinação em estar só. Era tímido e introspectivo, embora tivesse uma vida blindada, de certa forma, pelo seu entorno – família, amigos e relacionamentos. Essa blindagem o deixava satisfeito e confortável, então a solidão não era real. Mas o envolvimento também não. Ele estava em cima do muro.

Para sair dessa inércia, Marcos promoveu algumas mudanças ativas em sua vida, começando por se colocar em situações desconfortáveis em que era obrigado a se relacionar e desenvolver habilidades sociais. Hoje ele sente todas as nuances de uma solidão verdadeira – e às vezes, confessa, isso machuca tanto que põe toda sua estabilidade emocional à prova. Por outro lado, o envolvimento também é muito intenso. Ele só está sozinho quando realmente quer estar sozinho; conhecer pessoas e criar conexões significativas se tornaram atividades diárias, tão naturais que, muitas vezes, Marcos precisa se fechar propositalmente para focar no trabalho ou mesmo evitar a dor da despedida. (Nota do autor: senti isso quando nos despedimos.)

Parece besteira, né? Afinal, por que evitar? Simples: porque dói. Ele divaga que, depois de quase um ano viajando, você conhece tanta gente interessante, visita tantos lugares incríveis e vive tantas experiências indescritíveis que a sua mochila tende a diminuir de pertences e seu coração tende a transbordar de sentimentos.

Já para o Renato, o nômade que "largou tudo" sem se planejar, a solidão foi tão intensa que culminou em um quadro depressivo. A terapia – via Skype – o salvou. Ele diz que a solidão é algo muito complexo e pessoal, e lidar com essas questões subjetivas não é fácil. Para se recuperar desses períodos de crise, Renato foca em ter uma boa alimentação, praticar esportes e ser bastante produtivo no trabalho.

Mas nem sempre é possível estar bem, e ele confessa que às vezes realmente desaba. Nesses momentos, é preciso ter muito cuidado para não deixar o barco afundar de vez. Se você se encontra nessa situação ou quer evitá-la, procure observar a si mesmo tendo em mente que momentos de tristeza fazem parte da vida, mas eles passam. Renato pausa a conversa para citar a monja Coen: "Não há nada fixo e permanente".

Viajar sozinho é ainda mais complexo quando você é uma mulher. A publicitária paulista Debbie – que não viaja literalmente sozinha, e sim na companhia de seus cachorros Lisa e Luca – conta que sempre preza pela segurança em suas decisões: ela não aluga apartamentos sem avaliações, sempre usa aplicativos de transporte privado em vez de táxi, prefere pagar mais caro em um Uber do que pegar transporte público em uma cidade onde não se sente segura, entre outras medidas do tipo.

Nos mais de dez países onde já morou, Debbie conta ter vivido apenas três situações em que precisou tomar alguma medida diferente pelo simples fato de ser mulher: ela sofreu ameaças ao cancelar uma reserva no Airbnb, não se sentiu segura voltando sozinha em um tuk-tuk após um encontro numa pequena ilha na Tailândia e foi assediada por um médico italiano ao final de uma consulta.

Essas experiências reais nos mostram que viajar sozinho, independentemente do seu gênero ou nível de desapego, pode ser um exercício incrível de autoconhecimento. Sabendo respeitar seus limites e tomando decisões responsáveis, essa é uma excelente maneira de entender até que ponto você consegue ser independente e viver deliberadamente.

Viagem em casal

Viajar com um(a) companheiro(a) é uma ótima maneira de minimizar as dores de deixar familiares e amigos para trás. Isso ajuda a superar a solidão e as despedidas de quem você conhece ao longo do caminho, como bem pontuou Marcos.

Como diria Christopher McCandless, o viajante que inspirou o livro e o filme *Na natureza selvagem*, "a felicidade só é verdadeira quando compartilhada". Falo por experiência própria que ter alguém para compartilhar todas essas descobertas e dores ao redor do mundo é uma das melhores sensações que existem.

Porém – sempre há um "porém" –, um casal de nômades digitais pode ter outros problemas em seu relacionamento. Em uma relação tradicional, o casal acorda cedo, vai para o trabalho e se vê novamente ao final do dia, quando cada um compartilha suas experiências e dores. Um casal de nômades, no entanto, está 100% do tempo juntos. Isso significa que experiências e dores são compartilhadas em tempo real. Não há espaço para a novidade. Não há espaço para o autoconhecimento.

Minha sugestão para casais nômades é que cada um tenha tempo para atividades individuais – algumas horas por dia em um café, uma caminhada pelo parque, enfim, um momento em que você possa ficar só. Se por um lado a solidão pode ser um problema, estar junto com alguém 24 horas por dia pode ser ainda pior.

Juliana Saldanha, estrategista em *personal branding* especializada em posicionamento e comunicação de marcas pessoais, já passou pelos dois cenários. Ela viaja a maior parte do tempo acompanhada do parceiro, que é inglês e também nômade.

A sacada do casal é que, de vez em quando, eles também viajam sozinhos. Por estar a maior parte do tempo acompanhada, Juliana diz não sentir tanto a solidão. Ela também conta que tem bastante contato com outras pessoas em reuniões online, então aproveita para curtir esses momentos sozinha.

Antes de se tornar oficialmente nômade digital, Juliana experimentou a solidão em Londres. O que a ajudou nesse período foi participar ativamente de eventos de *networking* sobre temas pelos quais se interessava, buscar atividades em grupo (como o Meetup) ou mesmo optar por morar em uma casa compartilhada.

A solidão, ela reflete, pode ser incômoda, mas a dica é abraçá-la para aprender a conviver com si mesmo de maneira saudável. Então, sempre reserve um tempo para o autoconhecimento.

Viagem em casal e com filhos

Quando eu e minha esposa começamos a viajar, familiares e amigos sempre perguntavam: "Mas e quando vocês tiverem filhos?". Isso não é algo que passa pela nossa cabeça, mas sei que é a dúvida de muitos aspirantes a nômades digitais.

Para entender como é a vida de um casal que viaja com filhos, conversei com a Maira Miranda, blogueira e mãe do pequeno Vicente. Eles viajam desde quando o Vicente ainda era um bebê, e como crianças demandam muita atenção, Maira se organiza a partir da rotina dele.

Durante a manhã, por exemplo, o pequeno costuma estar mais agitado, então ela busca programas para fazê-lo gastar energia – praias, parques ou museus adequados para crianças. Depois do almoço, o Vicente costuma cochilar por umas duas horas. Se eles estão na rua, Vicente cochila no carrinho e a Maira procura locais mais calmos para trabalhar, como bibliotecas, museus de arte ou cafés.

É claro que nem sempre dá tempo de fazer tudo (passear, trabalhar, organizar a viagem, fazer os deslocamentos), então ela conta que costuma trabalhar até tarde. Como o Vicente acorda cedo, por volta das 6 da manhã, a rotina é puxada; a mamãe nômade dorme por volta de cinco horas por noite.

Para quem tem aquela visão de "vida dos sonhos", Maira diz que a maternidade como nômade digital é ainda mais cansativa e desafiadora do que a de uma mãe tradicional. As demais mães que trabalham geralmente deixam seus bebês com pessoas de confiança ou em creches, podendo passar o dia focadas em suas atividades profissionais. No caso de uma mãe nômade digital, por outro lado, além da grande dedicação ao trabalho e à maternidade, ainda há preocupações extras com a viagem: pesquisas, roteiros, check-in, check-out, reservas, trocas de casa, voos e demais transportes, etc. Na prática, é como misturar uma vida de dona de casa, de mãe trabalhando fora, de férias e de influenciadora digital. Maira garante ser uma delícia, mas brinca que sempre faltam horas no dia.

Quando o assunto é educação, o *homeschooling* com educação bilíngue – proibido em território brasileiro pelo Supremo Tribunal Federal (STF)[1] – é o preferido de mamães e papais nômades digitais. Mas existem outras opções. Caso seja possível passar um semestre ou um ano em cada lugar, por exemplo, a criança poderá frequentar escolas tradicionais de diversas culturas. Ficar no Brasil durante a maior parte do ano e viajar durante os períodos de férias e feriados também é uma opção viável.

Maira conta que conhece famílias de blogueiros de viagem que adotaram essa última opção e gostam muito. Segundo ela, dessa forma é possível curtir mais as viagens e focar no trabalho ao retornar.

---

[1] Para mais informações, ver: <https://oglobo.globo.com/sociedade/stf-decide-que-pais-nao-podem-educar-filhos-em-casa-sem-matricular-em-escola-23062742>. Acesso em: 15 out. 2018.

CAPÍTULO

10

FÉRIAS ETERNAS – SÓ QUE NÃO

Alguns hábitos têm o poder de iniciar uma reação em cadeia, mudando outros hábitos conforme eles avançam através de uma organização. Ou seja, alguns hábitos são mais importantes do que outros na reformulação de empresas e vidas. Estes são os "hábitos angulares", e eles podem influenciar o modo como as pessoas trabalham, comem, se divertem, vivem, gastam e se comunicam. Os hábitos angulares dão início a um processo que, ao longo do tempo, transforma tudo.

– Charles Duhigg,
O poder do hábito

SE VOCÊ PESQUISAR pelo termo "nômade digital" no Google Imagens, certamente encontrará algumas fotos de pessoas com seus notebooks na praia. Esse é mais um desserviço prestado no estilo "largar tudo e viajar o mundo".

Ok, um nômade digital tem flexibilidade para viajar mesmo sem estar de férias, pode deixar o trabalho para depois em um dia muito quente e aproveitar a praia, por exemplo, mas vamos pensar de forma racional: quem em sã consciência leva um notebook, que custa um bom dinheiro, para a beira da praia? E a areia? E a maresia? E o vento? E, para completar, e a bateria?

Esse tipo de foto apenas reforça o estereótipo de que nômades digitais vivem em férias eternas. A realidade, porém, é agridoce. Sim, você viverá momentos incríveis que dificilmente viveria se tivesse um trabalho tradicional, mas na maior parte do tempo você estará, de fato, trabalhando – afinal, mesmo que tenha uma renda passiva, você precisa fazer a engrenagem girar. No meu caso, por exemplo, essa engrenagem significa estar presente nas redes sociais todos os dias, produzindo conteúdos, interagindo com conteúdos de terceiros ou fazendo *networking*.

O grande desafio para o nômade digital de primeira viagem é não se deslumbrar com seu novo estilo de vida. Isso pode afetar – e muito – a qualidade do seu trabalho. Afinal, é tentador deixar o trabalho para depois quando se está em uma nova cidade. Há tanta coisa para ver, não é mesmo?

Um livro que me ajudou muito nesse processo de transição foi o *best-seller* mundial *O poder do hábito*, escrito por Charles Duhigg, repórter investigativo do *New York Times* e vencedor do Prêmio Pulitzer de Reportagem Explicativa. O autor apresenta três elementos baseados em um estudo do Instituto de Tecnologia de Massachusetts (MIT) que explicam porque fazemos o que fazemos: **gatilho**, **rotina** e **recompensa**.

O **gatilho** é um elemento do hábito responsável por desencadear uma ação ou uma sequência de ações. Já a **rotina** é o elemento definido pela sequência de atividades que caracterizam como o hábito é percebido – por isso, a rotina se confunde com o hábito em si. Por fim, a **recompensa** é o componente relacionado ao estímulo recebido ao completar uma rotina. Essa recompensa geralmente determina se vale ou não a pena repetir a rotina no futuro.

Como nômade digital, foi bem fácil identificar esses três elementos quando comecei a viajar. Hoje, minha rotina de trabalho é toda desenvolvida para que, ao fim do dia, eu tenha a recompensa de viver novas experiências em uma cultura diferente da minha. Quanto mais eficiente eu for no meu trabalho, mais tempo livre terei para viver deliberadamente – mesmo que minhas férias não sejam eternas.

Produtividade: conciliando trabalho, rotina, fusos, viagens e turismo

Meu maior desafio como nômade digital até aqui foi estar na Itália durante o verão europeu. Moramos um tempo em Puglia, região no sul da bota que é famosa por suas praias de águas cristalinas e é considerada um dos paraísos gastronômicos e enológicos do país.

Talvez agora você esteja se perguntando qual é o desafio de morar numa região paradisíaca com boa comida e bons vinhos. "Que sacrifício, hein, Matheus?" Pois bem, o desafio é *exatamente* esse. Como conseguir se concentrar no trabalho estando na posse dessas informações? Como entregar um projeto, mesmo amando o que faz, quando do outro lado da parede há uma praia incrível, frutos do mar fresquinhos e vinhos de qualidade? Como manter uma rotina profissional quando o lazer é tão atraente?

O primeiro passo é ter consciência de que você não está de férias. Nômades digitais não são mochileiros, tampouco turistas. São profissionais que carregam seu trabalho na mochila enquanto praticam o chamado *slow travel*. Viajar devagar, com calma. Viver de verdade em cada cidade, não apenas fazer um check-in no Facebook para mostrar que você esteve lá. Esse tipo de viagem entra naquele negócio de "viver como um local". Ou seja, é preciso imprimir sua velha rotina dentro da sua nova cidade.

Saber utilizar o fuso horário a seu favor – caso seus clientes sejam brasileiros – é primordial para manter a produtividade e ainda assim conseguir curtir a cidade onde você está. Se você está em um país cujo fuso está na frente do Brasil – como naquele exemplo da Tailândia em que ganhei dinheiro enquanto dormia –, o segredo é acordar cedo, responder seus e-mails, entregar suas demandas e fazer o que tem que ser feito antes do fim da manhã. De preferência, faça isso em um *coworking*; o dia pode ser mais produtivo quando se está em um ambiente de trabalho. Seguindo essa rotina, você pode almoçar tranquilamente em um bom restaurante (ou cozinhar em casa para economizar – faço muito isso) e aproveitar a tarde para passear. Caso os brasileiros estejam na sua frente na linha do tempo, organize sua agenda de modo a garantir tempo livre em algum período do dia. O grande ponto é organizar sua agenda para ter tempo de qualidade tanto para trabalhar quanto para passear.

E aqui vai outra dica importante: mesmo quando estiver passeando após ter entregue suas demandas, cheque seu celular periodicamente para ver se você tem novas mensagens ou e-mails. Não, não quero que você se torne um *workaholic*. Não se faça disponível 24 horas por dia e evite responder solicitações após o fim do horário comercial no Brasil. Meu conselho é que essa checagem seja feita, no máximo, até as 18h30 no horário de Brasília. Acredite em mim: nada é realmente tão urgente que mereça sua atenção instantânea – exceto, claro, em emergências familiares. Se for para ficar 24 horas por dia no celular e/ou trabalhando, nem se dê ao trabalho de sair do Brasil. Tenha limites. Tenha uma rotina.

Aliás, tente ficar longe do celular na primeira hora do dia. O modo como você começa o seu dia influencia bastante no andamento das próximas horas. Tome um café reforçado, faça algum exercício físico, leia um livro e desfrute desse tempo. Manter a cabeça arejada também ajuda na produtividade.

Debbie, a publicitária paulista que viaja com seus dois cachorros, tem um ótimo conselho sobre isso. Ela conta que costuma ter uma rotina bem regrada em qualquer lugar que mora: acorda por volta das 8h da manhã, medita, faz yoga, sai com seus cachorros, toma um bom café da manhã e só depois senta para trabalhar – e só então olha o celular.

Para Fernando, o paranaense que é consultor de marketing digital focado em performance, o termo "rotina" é algo a se discutir. Segundo ele, o que a maioria das pessoas busca é justamente escapar da rotina. Acordar, tomar café, ir trabalhar, almoçar, trabalhar, voltar, jantar, tomar banho e dormir... A monotonia da rotina pode deixar muita gente deprimida, e para elas o nomadismo digital se mostra um grande escape; afinal, a cada mês a vida vira de cabeça para baixo em um novo país, com novos fusos horários.

Mas, embora a falta de rotina pareça incrível no início, a liberdade e as mudanças podem se tornar tóxicas a médio e longo prazo. É o que Fernando diz ter sentido após pouco mais de três anos na estrada. Não conseguir ter uma rotina permanente para alimentação, exercícios e até relacionamentos acabou pesando muito para ele após alguns anos. Então, embora não ter uma rotina monótona seja bom, manter alguns hábitos saudáveis é benéfico para o corpo, para a mente e para a vida profissional. É o que Fernando tem buscado ajustar nos últimos tempos: montar rotinas que possam ser feitas de qualquer lugar para tentar se sentir mais em casa, não importando onde esteja.

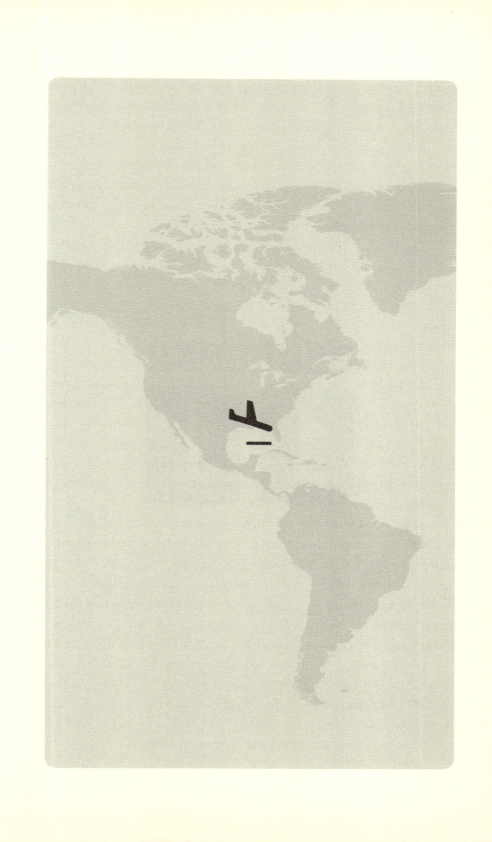

CAPÍTULO 11

MEUS PRINCIPAIS APRENDIZADOS COMO NÔMADE DIGITAL

Que droga, uma geração inteira enchendo tanques de gasolina, servindo mesas ou escravos do colarinho branco. Os anúncios nos fazem comprar carros e roupas, trabalhar em empregos que odiamos para comprar as porcarias que não precisamos. Somos uma geração sem peso na história, cara. […] Todos nós fomos criados vendo televisão para acreditar que um dia seríamos milionários, e deuses do cinema, e estrelas do rock. Mas nós não somos. Aos poucos vamos tomando consciência disso. E estamos muito, muito revoltados.

– Tyler Durden,
personagem de Brad Pitt em *Clube da Luta*

 Arezzo, Toscana, Itália. Julho de 2018.
FOTO: LAÍS SCHULZ.

bit.ly/nd_toscana

OS ÚLTIMOS ANOS foram os mais intensos da minha vida. Cresci em uma cidadezinha no litoral sul de Santa Catarina sonhando em viajar o mundo. Um sonho distante. A vida real, sem que eu percebesse, estava me fazendo fincar raízes baseadas nas convenções sociais. Fazer faculdade, ser aprovado em um concurso público ou ter minha própria empresa, comprar um carro e um apartamento, casar e ter filhos. Viver? Nos finais de semana, nas férias e em uma possível e distante aposentadoria.

Não tenho absolutamente nada contra quem escolhe um estilo de vida tradicional – desde que esta seja uma decisão consciente –, mas algo me dizia que eu não conseguiria viver deliberadamente seguindo essa cartilha pré-definida. Havia todo um vazio existencial que precisava ser preenchido.

Por mais que eu tenha tomado essa atitude de forma planejada, me demitir foi um risco que corri. As coisas poderiam dar errado? Poderiam. Mas deram certo. E só deram certo porque eu resolvi me mexer. Resolvi que não queria mais ver minha vida passar pela janela de um escritório que só me fazia mal.

Ao me mexer, tive a oportunidade de conhecer novas culturas, pessoas e sabores. Cresci como ser humano, cresci como profissional. Amadureci. Sorri. Chorei. Vivi.

Senti o cheiro dos girassóis na Itália, nadei com plânctons na Tailândia, fiz a trilha de Laguna de Los Tres na Argentina. Exagerei na pimenta no México, utilizei hashis de metal para comer arroz na Coreia do Sul, me lambuzei com pasteis de Belém em Portugal. Em Roma, bebi limoncello com membros da força aérea italiana, cerveja com o ex-capitão da seleção de futebol da Groenlândia (que eu nem sabia que tinha uma seleção) e doses de Jack Daniel's na Toscana com o Marcos, aquele nômade que conheci no Instagram.

Percebi que o grande valor da vida está nas experiências que vivemos, não nas coisas que temos. Troquei o "ter" pelo "ser". Estou me desapegando aos poucos dos meus bens materiais e me sentindo cada vez mais leve – e livre. "Menos é mais" virou um mantra. Estou vivendo a vida que escolhi viver. "A vida que vale a pena ser vivida", como diria o filósofo Clóvis de Barros Filho.

Tudo que você leu até agora são meus principais aprendizados vivendo como nômade digital. Este livro não é um manual, tampouco apresenta uma fórmula mágica para mudar sua vida. Mas espero, do fundo do meu coração, que você consiga adaptar essas lições para a sua realidade e sinta o mesmo que sinto enquanto escrevo estas linhas: a alegria de saber que não estou desperdiçando meu tempo na Terra.

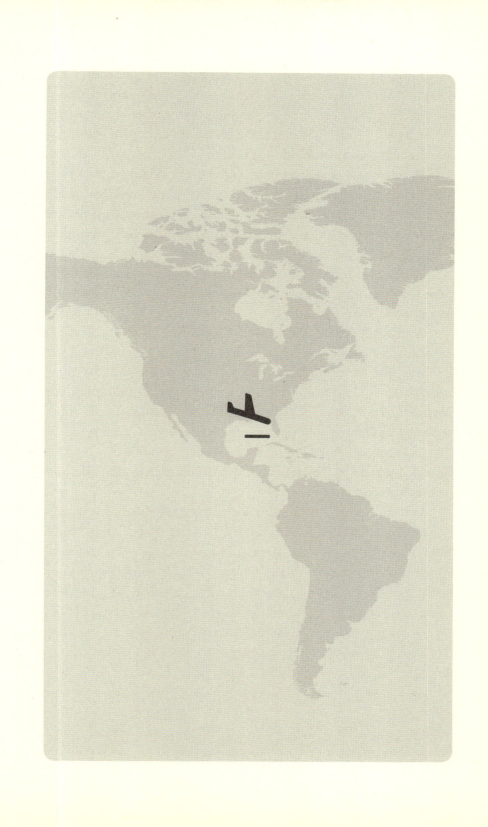

LEIA TAMBÉM

A BÍBLIA DA CONSULTORIA
Alan Weiss, PhD
TRADUÇÃO Afonso Celso da Cunha Serra

CONFLITO DE GERAÇÕES
Valerie M. Grubb
TRADUÇÃO Afonso Celso da Cunha Serra

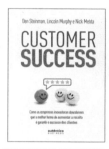

CUSTOMER SUCCESS
Dan Steinman, Lincoln Murphy, Nick Mehta
TRADUÇÃO Afonso Celso da Cunha Serra

DOMINANDO AS TECNOLOGIAS DISRUPTIVAS
Paul Armstrong
TRADUÇÃO Afonso Celso da Cunha Serra

ECONOMIA CIRCULAR
Catherine Weetman
TRADUÇÃO Afonso Celso da Cunha Serra

INTELIGÊNCIA EMOCIONAL EM VENDAS
Jeb Blount
TRADUÇÃO Afonso Celso da Cunha Serra

IoT-INTERNET DAS COISAS
Bruce Sinclair
TRADUÇÃO *Afonso Celso da Cunha Serra*

KAM - KEY ACCOUNT MANAGEMENT
Malcolm McDonald, Beth Rogers
TRADUÇÃO *Afonso Celso da Cunha Serra*

MITOS DA GESTÃO
Stefan Stern, Cary Cooper
TRADUÇÃO *Afonso Celso da Cunha Serra*

MITOS DA LIDERANÇA
Jo Owen
TRADUÇÃO *Afonso Celso da Cunha Serra*

MITOS DO AMBIENTE DE TRABALHO
Adrian Furnham, Ian MacRae
TRADUÇÃO *Afonso Celso da Cunha Serra*

NEUROMARKETING
Darren Bridger
TRADUÇÃO *Afonso Celso da Cunha Serra*

OS SONHOS DE MATEUS
João Bonomo

PETER DRUCKER: MELHORES PRÁTICAS
William A. Cohen, PhD
TRADUÇÃO *Afonso Celso da Cunha Serra,*
Celina Pedrina Siqueira Amaral

RECEITA PREVISÍVEL
Aaron Ross & Marylou Tyler
TRADUÇÃO *Celina Pedrina Siqueira Amaral*

TRANSFORMAÇÃO DIGITAL
David L. Rogers
TRADUÇÃO *Afonso Celso da Cunha Serra*

VIDEO MARKETING
Jon Mowat
TRADUÇÃO *Afonso Celso da Cunha Serra*

Este livro foi composto com tipografia Bembo e impresso
em papel Off-White 90 g/m² na Assahi.